桶狭間の戦いは迂回奇襲説、長篠の戦いは鉄炮三段撃

坂田尚哉
SAKATA NAOYA

幻冬舎MC

桶狭間の戦いは迂回奇襲説、
長篠の戦いは鉄炮三段撃

目次

第一部

第二部

私説・三河物語　71

第一部

桶狭間の戦い、三方ヶ原の戦い、長篠の戦い

一　桶狭間の戦い
～「正面攻撃説」から「迂回奇襲説」へ回帰する～

桶狭間の戦いは、河越夜戦・厳島海戦とともに日本三大奇襲戦のひとつに数えられる戦国時代を代表する合戦であるにも拘わらず、勝利した織田軍と敗北した今川軍のどちらの進軍経路についても様々な説が論議されていながら、これまでに定説といえるものがないという不思議な合戦である。

最近の研究が『信長公記』を最も良質な史料と位置付けて論考するという姿勢であることに、私は異論がない。『信長公記』を引用し注釈を加える形で提唱された「正面攻撃説」が現在それなりに評価を得て新しい通説になりつつあることは承知している。しかし、どうしても「正面攻撃説」の微細な部分について私は納得できずにいて、どうせなら愚直なまでに徹底的に史料の細部の表現にまでこだわって、拭い切れないでいる疑問は晴らすべきではないかと思う。『信長公記』の記述を私なりに考察し、さらに『甫庵信長記』『三河物語』『松平記』の記述を傍証に用いることで、織田軍と今川軍の進軍経路をできる限りで納得できる形で表してみたいと思う。

私が最も重視する『信長公記』の中の情報

桶狭間の戦いにおける織田軍と今川軍の進軍経路を解明するために、『信長公記』の記述の中で最も重視すべきと私が思うのは、

今川軍……午剋戌亥に向て人数を備

織田軍……未剋東へ向てかゝり給ふ

であると思う。

結論からいうと、今川軍が北西方向に陣を敷いているところへ、その進行方向よりも左斜めから織田軍が攻め込んだという図になる訳である。今川軍が戌亥に向かっていたのは午剋（午後0時頃）で織田軍の突撃が行われる二時間前であるから、その間に向きをかえた

可能性は否定できないが、織田軍が東へ向かって攻め込んだのは未剋（午後2時頃）のその瞬間のことである。

織田軍による今川本陣への攻撃の最初の場面は、『信長公記』に「黒煙立て懸るを見て、水をまくるが如く後へくはつと崩れたり、弓・鑓・鉄炮・のほり・さし物、算を乱すに異ならす、今川義元の塗輿も捨てくつれ逃けり」と記述されているから、今川勢にとっては突然の出来事であったに違いない。黒煙が立ち懸るのを見て算を乱したということは、揃うる限りの鉄炮で一斉に撃ち込まれたのであろう。「旗本ハ是也、是へ懸れと御下知有、未剋東へ向てかゝり給ふ、初ハ三百騎真丸になって、義元を囲ミ退けるか……」と続くので、織田軍は最初に鉄炮を打ち込んだ次の瞬間には突撃をしたということである。これに対し今川勢としては義元を安全な方向へ逃がすことを最優先にするはずであるが、織田軍はその時間すら与えない素早さで周りを取り囲むように展開したので、義元を護るべく囲むようにしつつジワジワと後退を図ったということである。

織田軍は今川軍に比べ鉄炮の保有率が圧倒的に高かったとか、織田軍は柄の長さ三間半という長槍で今川軍を圧倒したとか、武器に差があったという説があるようだが、『信長公記』にはそのようには記述されていない。織田軍が鉄炮などの火器を効果的に使用したのは最初の一撃だけであったと考えられるし、「敵身方の武者、色は相まきれす」という記述からは、旗指物だけが敵味方の区別をつけたということなので、鎧兜や武器では敵味方の区別がつかなかった……同じような武装をして同じような武器を使ったのである。

また『甲陽軍鑑』の「于時駿河勢所々へ乱妨に散たる隙をうかゞひ、味方の真似をして駿河勢に入交る」という記述を論拠に「乱取状態急襲説」という説があるが、『信長公記』から読み取れる旗指物で敵味方の区別をつけたという意味に矛盾するわけなので、私としてはこの説を積極的に支持しないことにする。

それよりも桶狭間の戦いの勝敗を分けたのは、織田軍の今川本陣に突入してからの戦い振りよりも、今川本陣への突入に至るまでの織田軍の進軍経路にあったのではないだろうか。

理屈が先走るよりも地図を用意して書き込む作業をしたほうが理解できると思われる。国土地理院の二万五千分の一の地形図ならば「鳴海」である。桶狭間の古戦場として有力なのは名古屋市緑区桶狭間の古戦場公園と豊明市栄町南館の国指定伝説地の二ヶ所であるから、そのいずれか好きな方の地点にむかって東向きの矢印を書き込んでみる。北を上に地図を置いたならば、現在の大高緑地になっている丘陵の上に右向きの矢印線が引けたはずで、これが織田軍の進攻路の一部なのである。

今川軍の進軍経路の考察

織田軍の進軍経路を考察する前に、少しだけ今川軍の進軍経路について考察してみたい。

近年の大河ドラマでの今川軍の進軍経路の解釈であるが、「麒麟がくる」では義元が「大高城に向かう」と宣言して沓掛城を出発する姿が描かれ、「どうする家康」では大高城に入城した松平元康が後着するはずの義元を待つ姿が描かれていた。いずれも当日の朝に沓掛城を出た今川本陣の向かった先は大高方面だったという解釈であった。

どうして大高方面に向かったと解釈したのかＮＨＫに問い合わせをしたところ、以下のような回答をいただいた。

〈『信長公記』だけでは、今川本軍が具体的にどこに向かったか記されていませんが、ほぼ同時期に作成された『三河物語』では明確に今川本軍は大高城にむかったことが記され

ています。ドラマでは、『三河物語』の記述を重視し、「大高城にむかった」としました〉

まず、『信長公記』には記されていないというのは誤りというべきで、「午剋戌亥に向て人数を備」とあるのは鳴海方面に向かったと解釈できなくもない記述である。記されていないという見解は見落としとしたということであろう。

『三河物語』に明確に記されているというのは「義元ハ、地リウ寄段々に押て大高え行」という一文のことであろう。『信長公記』のいう義元は沓掛城を出て昼頃北西に向けて陣を構えていたのに対して、『三河物語』のいう義元は池鯉鮒から大高に向かっているので出発場所も行先場所も異なる。これを同一人物とするのはいくらなんでも無理があるので、検証を要するところである。

当日の今川本陣が沓掛城を出発したか池鯉鮒を出発したかは解らない部分がある。『信長公記』には、前夜に「今川義元沓懸へ参陣」とあるので、常識的には義元が沓掛城に入城したと解釈すべきではあるが、今川軍先鋒部隊の一部が着陣したという意味である可能性を無視できないからである。

従って、今川本陣の当日の出発地と向かった先の組み合わせは以下のとおりとなる。

池鯉鮒を出発→鳴海方面に向かった……有り得る。

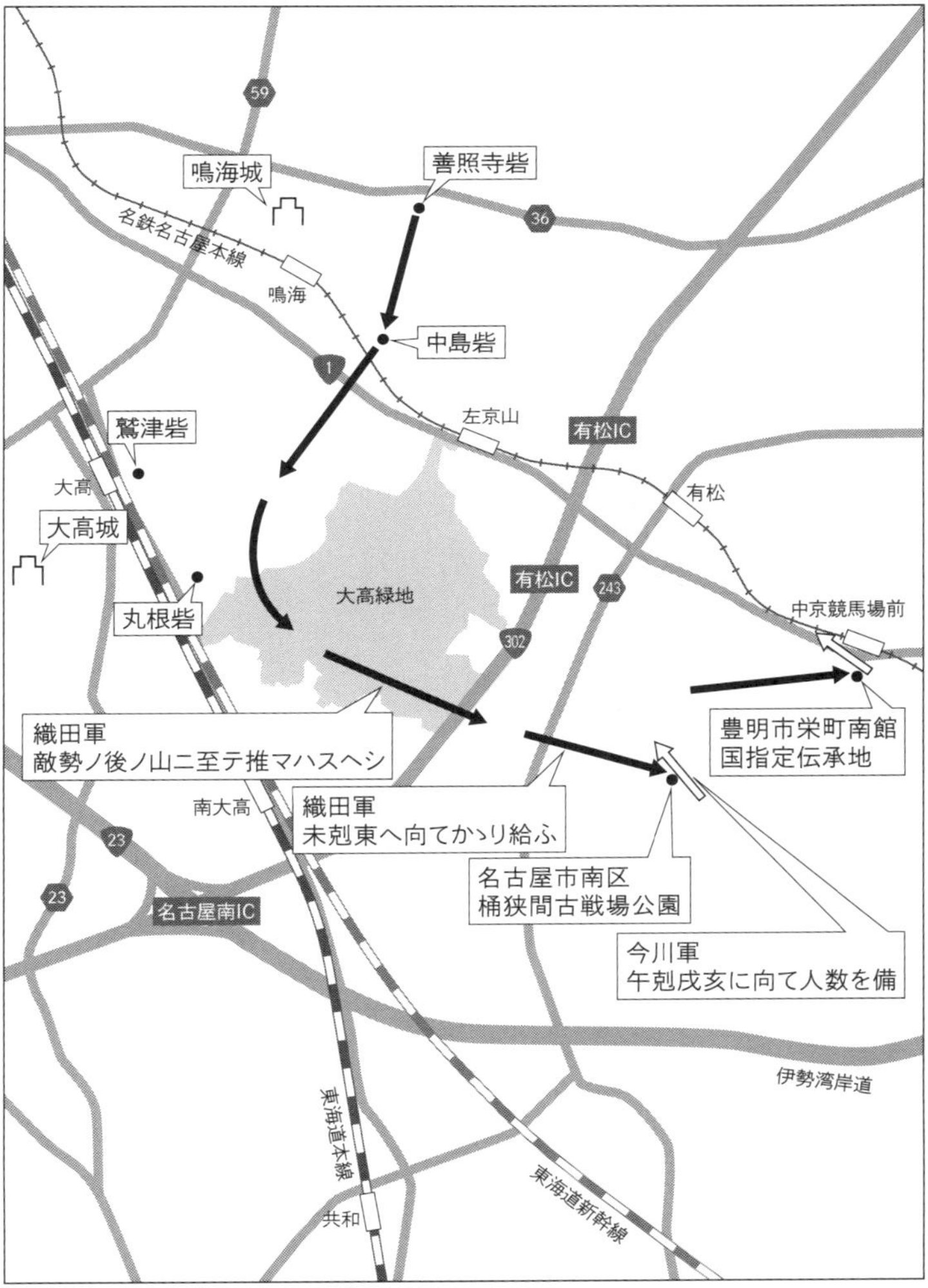
59
鳴海城
善照寺砦
36
名鉄名古屋本線
鳴海
中島砦
1
左京山
有松IC
鷲津砦
大高
有松
大高城
有松IC
243
丸根砦
大高緑地
中京競馬場前
302
豊明市栄町南館
国指定伝承地
織田軍
敵勢ノ後ノ山ニ至テ推マハスヘシ
南大高
織田軍
未剋東へ向てかゝり給ふ
23
名古屋市南区
桶狭間古戦場公園
23
名古屋南IC
今川軍
午剋戌亥に向て人数を備
伊勢湾岸道
東海道本線
東海道新幹線
共和

桶狭間の戦い

沓掛城を出発→大高方面に向かった……有り得ない。

沓掛城を出発→鳴海方面に向かった……有り得る。『信長公記』のとおり

池鯉鮒を出発→大高方面に向かった……有り得る。『三河物語』のとおり

今川本陣が大高方面に向かったとすれば、大高城の番手を命じられた松平勢は、本陣の到着を待ち迎え入れるという栄誉ある役目を与えられたということになるはずなのだが、どうやらそうではないらしい。今川本陣は大高ではない別の方面を目指して進軍しており、松平勢も丸根砦攻略のあとはそちらに合流すべく進軍したかったのに、意に反して大高城の番手を命じられてしまったという不満が滲み出ているようである。

『三河物語』の「大高の城之番手ヲ申被付シ事社、義元の雲命なり」という記述をみると、

結論からいってしまえば『三河物語』の「義元ハ、地リウ寄段々に押て大高え行」の義元とは朝比奈備中守のことであると置き換えて読むと、話の筋がうまく通るのである。

今川本陣が大高方面ではなく鳴海方面に向かったとするならば、その進路は、

・鎌倉街道……善照寺砦の東に出る道筋
・東海道……中島砦の東に出る道筋
・大高道……途中で右折して東海道に合流する道筋

の三通りが考えられるのであるが、『信長公記』に「午剋戌亥に向て人数を備」とあることからも、鎌倉街道の道筋だけは可能性が低いと解釈できそうである。

今川軍全体としては鎌倉街道・東海道・大高道の全ての道筋から鳴海方面に進軍したと考えられるが、義元の本陣については東海道か大高道のどちらかから鳴海方面を目指したのだろうというのが当面の結論ということになる。

「三河物語」にある重大目撃情報

織田軍の進軍経路について、『三河物語』には重大な目撃情報があるので把握しておきたい。それは「信長ハ思ひ之儘に懸付給ふ、駿河衆是ヲ見て」の部分である。丸根砦を攻略した松平勢は大高城の留守番を命ぜられ、それまで大高城を守っていた鵜殿長照と交替で入城するのであるが、どうやらその間に織田軍が丸根砦北麓あたりに急接近したらしいのである。

ここでいう駿河衆というのは、松平勢の丸根砦攻めに加わって攻略した丸根砦にそのまま残っていた雑兵たちと考えるべきで、今川本陣の将兵ではないことに注意する必要がある。石河六左衛門という三河衆をすぐに呼び出して会話ができる場所にいたからである。この駿河衆が「カチ者ハ早五人三人ヅヽ山えアガルヲ見て、我先にトノク」とあるから、織田軍はいかにも丸根砦を攻めるのか⁉という勢いで山際に取り付いたというのであろう。それで駿河衆は我先に逃げたということらしい。

この駿河衆が居た場所と今川本陣とは全然別の場所で距離があったからなのか、織田軍が出撃してきていることを今川本陣には報告しなかったらしい。「義元ハ、其ヲバシリ給ズシテ、ベントウヲツカハせ給ひて」としているうちに「車軸ノの雨ガ降リ懸ル」という不運にも見舞われてしまったのである。

織田軍が丸根砦のすぐ麓まで迫っていたというと不思議な感じがするのだが、『信長公記』にもそのように読み取れる記述がある。「中島より又御人数被出候、今度者無理にすかり付、止申され候へとも、爰にての御諚には……」のところである。「あの武者、宵に兵粮つかひて夜もすから来り、大高へ兵粮入、鷲津・丸根にて手を砕、辛労してつかれたる武者也……」という信長の御諚は、まさに丸根砦を占領している駿河衆を目の前にしていたということなのである。

善照寺砦から中島砦へ、さらに出撃！

桶狭間の戦いにおける織田軍の進軍は信長が清洲城を出発するところから始まるのだが、その進軍経路の議論の焦点は、信長が善照寺砦に到着して敵勢を目の当たりにした午剋から織田軍が今川軍に攻撃をした未剋まで、午後0時から午後2時までの2時間であるといってよい。

信長の善照寺砦到着の様子は、『信長公記』に「夫より善照寺佐久間居陣の取出へ御出有て、御人数立られ、勢衆揃へされられ、様躰御覧し、御敵今川義元ハ四万五千引率し、おけはざま山に人馬の休息之在」と記述されている。『信長公記』を著した太田牛一の癖なのであろうか、眺望によりその場で得た情報、戦後の首実検時の証言などにより得た情報、後日談やらさらに後から得た情報など、雑多な情報源のものを時系列に並べて記述しているので解りにくいが、「おけはざま山に人馬の休息之在」は善照寺砦から眺望して得た情報、これに対し「謡を三番うたハせられたる由候」などは後から得た情報と考えられる。義元が信長から姿を認められる至近距離にいたのだというような解釈はしないほうがよいらしい。

信長は善照寺砦から中島砦に移る。この時の様子を『信長公記』には「中島へ御移り候ハんと候つるを、脇ハ深田の足入、一騎打の道也、無勢之様躰敵方よりさたかに相見候、無御勿躰之由、家老之衆御馬之轡之引手に取付候て、声々に申され候へとも、ふり切て中島へ御移り候、此時二千に不足御人数之由申候」とある。中島砦に移ろうとする信長を家老衆が「敵に丸見えだから」と制止しようとしたこと、その時の軍勢が二千人に足らなかったということである。

そこから『信長公記』の記述は「中島より又御人数被出候、今度者無理にすかり付、止申され候へとも、爰にての御諚には……」に続いている。信長は中島砦からさらに出撃したところ、家老衆は無理にすがりついて制止しようとしたというのである。

ところで、近年では「正面攻撃説」が有力とされている。この説を最初に提唱したのは藤本正行氏で、『信長公記』を主たる論拠にして、「信長に隠密に行動して義元に奇襲をかけるという意図などなかった」とし、「織田軍は中嶋砦を出て東に進み、東向きに戦ったわけで、堂々たる正面攻撃ということになる」と論じている。敵前軍に正面攻撃をかけると、「この前軍が簡単に崩れたので、義元の旗本も退却を始め、追撃中に敵の旗本を捕捉した信長は、ここではじめて義元に狙いをつけ、ついに倒した」という、奇襲の意図をもたない堂々たる正面攻撃だったとする説は、多くの賛同と同時に多くの反論を呼んだ。

例えば、名古屋市の地元では、中島砦から今川軍に気付かれないように進み、桶狭間山の北八百メートルの釜ヶ谷の山陰に身を潜め、雷が遠のいたとき、すかざす今川軍本軍の右翼に突撃を開始したとする、奇襲の要素を伴う正面攻撃説をとっている。名古屋市緑区桶狭間の古戦場公園の案内看板や地元作成のパンフレットには「信長攻路」という地図があり、名古屋市内の中学校での授業の副教材にも使われているという。

ところが、「信長攻路」の地図にはひとつの疑問点が浮き彫りになっていることに気づく。それは、『信長公記』の記述の中で最も重視すべきと私が示した「未剋東へ向てかゝり給ふ」と整合しておらず、むしろ織田軍は北から南に向かって攻め込んでいる図になっているのである。

一方の藤本氏の説では「桶狭間山は丘陵一帯をさす」として、今川本陣は名古屋市緑区桶狭間の古戦場公園のある場所ではなく、それより七〜八百メートルほど北の「前軍の後方で田楽狭間の前方の高み」にあったと論じている。どうやら、この説は神経質なまでに完成されたもので、今川本陣の想定位置をちょいと数百メートル南へずらすなどという手直しはきかないらしい。

この不整合がどこに起因しているのかというと、「中嶋砦を出て東に進み、東向きに戦った」という解釈にあるようである。『信長公記』には今川軍が「戌亥に向て人数を備」とあり、善照寺砦や中島砦のある鳴海方面は義元本陣からみて北西方向であるから、逆にいえば今川本陣は中島砦を出た織田軍からみて南東方向にある。織田軍が南東方向を目指すのに東へ東へのベクトルだけでは到達できようもなく、どこかに南向きのベクトルを加えなければならなかったのである。

織田軍の進軍経路の想定地図を完成させる

私は「織田軍は中島砦から南に向かって出撃した」という説を提唱したい。『信長公記』にある「中島より又御人数被出候、今度者無理にすかり付、止申され候へとも」の記述について、家老衆にすがり付かれて制止されようとしながらも南に向かって鷲津・丸根砦の北麓までの数百メートルを進んだと解釈するのである。その後は「爰にての御諚にハ」の

「あの武者、宵に兵粮つかひて夜もすから来り、大高へ兵粮入、鷲津・丸根にて手を砕、辛労してつかれたる武者也……」の鷲津・丸根砦を占領している駿河衆に言及した御諚につながるので、全くもって自然な展開である。

実際に現在の中島砦跡を訪ねると、手越川という小さな川のほとりにある。桶狭間の戦いがあった戦国時代は現在よりももっと伊勢湾が入り込んでおり水位ももっと高かったと考えられるため、南に向かったとすれば渡河をすることになる。部分的に見れば南に向かうより、手越川に沿って東海道を東に向かうほうがよほど自然のような気もするし、南に向かう方が敵の目に触れる可能性が高いのではないかという指摘もあろう。

もしかすると、中島砦が手越川を渡河して南に向かって出撃するための機能を備えた構造だったかも知れない。『信長公記』には「東に善照寺とて古跡之在、御要害候て」に対して「南中島とて小村有、御取出に被成」とあるように、善照寺砦と比較して中島砦は意図を持って築かれた砦であるように思われるのである。

最初に用意した地図、北を上向きに置いて現在の大高緑地になっている丘陵に右向き矢印を書き込んだ地図であるが、それに中島砦から南に向かって下向き矢印を書き込んでみる。その二つの矢印を丸根砦の北麓あたりでつながるように調整すると、これが織田軍の進軍経路ということになる。

ここで信長が鷲津・丸根砦を奪い返そうとしていたかどうかは解らない。敵将義元は大高方面には向かっていないこと、鷲津・丸根砦付近に敵本陣がある訳ではないことを、信長は認識していたに違いない。何故ならば義元は駿河を出陣する直前の四月十二日付で水野十郎左衛門尉宛に「夏中可令進発候条、其以前尾州境取出之儀申付、人数差遣候、然者其表之事、弥馳走可為祝着候、尚朝比奈備中守可申候、恐々謹言」という書状を発しているからである。文中の朝比奈備中守は朝比奈泰能であるとされてきたが近年ではその子である朝比奈泰朝であるとされていて、松平勢が丸根砦を攻撃するのと同時に朝比奈勢は鷲津砦を攻撃したとされている。意訳すれば大高方面は朝比奈備中守に采配を託したので義元自身は向かわないということになる。水野十郎左衛門尉は水野信元であるか或いは信元に近い一族の人物（水野信近？）とされるが、いずれにしても水野氏は織田氏と協力関係にあるので、その情報は信長に届けられるに違いないのだが、義元はあえて通告したのである。朝比奈勢が向かう先には松平勢も加わるということが折込まれていて、水野信元は自分の甥にあたる松平元康とは戦いたくないだろうという心理を利用して、義元は水野を懐柔することを優先したのである。

ということは、信長は最初から敵本陣に奇襲をしかけることなど考えていなかったかも知れない。もしかすると、善照寺砦から中島砦へと進軍しているうちはまだ敵軍のどこかに一矢報いたいという漠然とした狙いがあっただけだったが、ここにきてはじめて敵本陣が予想の外に手薄で急襲すれば勝機を見出せることに気付いたのかも知れない。

案外と『甫庵信長記』の記述が真相に近いかも知れない。信長が「敵勢ノ後ノ山ニ至テ推マハスヘシ」と下知しているところへ、梁田出羽守が「仰最可然候、敵ハ今朝鷲津・丸根ヲ責テ其陣ヲ易ヘカラス、然レハ此分ニカヽラセ給ヘハ敵ノ後陣ハ先陣也、是ハ後陣ヘカヽリ合フ間、必大将ヲ討事モ候ハン、唯急カセ給ヘ」と申し上げるのである。

もちろん『甫庵信長記』は「信長キヲ見ルニイツワリ多シ、三ヶ一者有事成、三ヶ一者似タル事モ有、三ヶ一者無跡事成」と『三河物語』に酷評されたほど脚色が多い史料であるから鵜呑みにはできない。著者小瀬甫庵は桶狭間の戦い以降の生まれであり、当然桶狭間の戦いを自身で経験した訳ではない。太田牛一の『信長公記』と比較して読んでみれば、いかにも『信長公記』を下敷きにして書いたということが解るし、そこにイメージを膨らませて書いた部分が加わっているのも確かである。その膨らませた部分が、どこからか情報を得て盛り込んだのか甫庵の全くの想像で書かれたか、判断のつけようがない。敵の背後に廻り込む作戦を発案したのが信長自身なのか、それに相槌を打ったのが梁田出羽守なのか、『甫庵信長記』の記述のいちいちを信用することはできないのだが、少なくともこの時点ではじめて迂回奇襲攻撃が作戦として成立したというのが事実であるような気がしてならない。

織田軍の進軍経路を明らかにしたところで、一方の今川本軍とりわけ本陣の進軍経路についてであるが、その向かった先が大高方面ではなく鳴海方面であったであろうことは既に述べた。鳴海方面に向かう道筋については、鎌倉街道から善照寺砦の東に出る道筋、東海道から中島砦の東に出る道筋、大高道から途中で右折する道筋の三本が考えられる。名古屋市緑区桶狭間の古戦場公園と豊明市栄町南館の国指定伝説地の二ヶ所が古戦場として有力であるが、前者は大高道から途中で右折する道筋の途上、後者は東海道から中島砦の東に出る道筋の途上と言えるのだが、私にはそのどちらなのか判断がつかないでいる。大高道から途中で右折する道筋を主張する根拠に『信長公記』の「おけはさま山に人馬の休息之在」という記述を挙げる研究者が多いが、それはあくまで信長が善照寺砦から眺めた景色の中のことであって、それが今川本陣であるという論拠になるような記述ではないようである。むしろ大高方面への後詰の必要がなくなった今川前軍が鳴海方面に振り替えを命じられ、その途中で桶狭間山で休息したという可能性も考えられる。

史料としては、勝者である織田方のものが圧倒的に多く、敗者である今川方のものが遺されていないのが現状であるから、織田軍の進軍経路は解明できても、今川軍の進軍経路は判然としないというのは当然なのである。

織田軍は二手に分かれたという説

今川軍の大将義元が壮絶な討死を遂げることで勝負が決着し、戦いは織田軍による今川軍の掃討戦へと続くのだが、これを『信長公記』は「運之尽きたる験にや、おけはさまと云う所ハ、はさまくてミ、深田足入、高ミひきミ茂り、節所と云事限なし……」という書き出しで展開していく。ここで気になるのは、単に場面が掃討戦に移ったというだけでなく、同時に場所も切り替わったように思えるところである。

そこで、織田軍が二手に分かれたという説があることに注目したい。史料としては例えば『松平記』に「善照寺の城より二手になり、一手は御先衆へ押来、一手は本陣のしかも油断したる所へ押来り……」とあり、敵本陣を攻めた一手と敵前軍を攻めた一手に分かれたということである。

問題は敵前軍を攻めた一手である。これまで論じてきたように今川軍は鳴海方面を目指したものと考えられるから、その前軍はおそらく鳴海城に最も近い付城である善照寺砦に迫っていたに違いない。つまり、敵前軍を攻めた一手は、善照寺砦から善照寺砦に取りかかっているすぐ目の前の敵前軍に攻めかかったということになる。

多くの解説では、敵前軍を攻めた一手とは『信長公記』に「信長善照寺へ御出を見申、佐々隼人正・千秋四郎二首、人数三百計にて義元へ向て足軽に罷出て候へハ……」と記述のある軍勢のことであると説明している。それは敵本陣を攻める一手の進軍を隠蔽するための陽動作戦だったというのである。

私はその説には疑問を呈したい。まず陽動作戦についてであるが、結果的に陽動する効果があった可能性はあるとしても、作戦としてあったか疑問である。何故ならば『信長公記』には「十八日夕日に及て佐久間大学・織田玄番かたより御注進申上候処、其夜の御はなし、軍の行ハ努々無之、色々世間の御雑談迄にて……」とあり、清洲城における信長が前線に作戦の指示を出したという形跡がないからということもある。

それよりも「義元に向て」を、今川の軍勢に向かってと読むか義元の本陣に向かってと読むか、研究者でなくても当然考慮するべきところであるが、私ならばこの場合、前軍よりはずっと後方に控えているはずの義元本陣までの強行突破を試みたということを意味していると読む。このような無謀な突撃は到底作戦というものではなく、佐々隼人正・千秋四郎の独断だったのであろう。

だがそれは「鑓下にて千秋四郎・佐々隼人正初めとして五十騎計討死候」という失敗になり、それを「信長御覧して」正面突破は到底無理だという教訓を得て「中島へ御移り候ハんと候つる」のであるから、信長は正面攻撃以外の作戦を念頭に置いたに違いない。

さらに、御先衆を攻めた一手を佐々隼人正勝通・千秋四郎季忠が率いた人数三百計のことと見做すことへの疑問であるが、私は御先衆を攻めた一手は人数三百計では少な過ぎ、数千人規模であったと考えるのが適当だと思うのである。

朝未明に清洲を出撃した信長はあまりにも行動が突然すぎて、『信長公記』には「善照寺佐久間居陣の取出へ御出有て、御人数立られ、勢衆揃へさせられ」とあるものの、多くが集合時間の午刻に間に合わなかったと想像できる。「ふり切て中島へ御移り候、此時二千に不足御人数之由申候」とあるから、敵本陣を攻めた一手は中島砦の軍勢を加えたとしても二千を僅かに越える程度で、それ以外は善照寺砦に取り残されていたのであろう。

桶狭間に長福寺という寺院があって、ここには桶狭間の戦いの討死者を供養するために作成された「桶狭間合戦討死者書上」がある。それによると織田方の死者は九百九十名とあり、敵本陣に奇襲しかけた二千を僅かに越える程度の軍勢に対してはあまりに討死者の比率が高過ぎる。これは敵本陣を攻めた一手だけでなく、敵御先衆に攻めかかった一手の討死者も含めた数字だと考えた方がよさそうであるが、それは数千人規模であったとするのが適当であろう。

そして、敵前軍を攻めた一手が善照寺砦から討って出たタイミングは、敵本陣を攻めた一手の突撃が功を奏して今川本陣が崩壊して、その激震が前軍に伝わり動揺が広がった瞬間だったのではないか。この瞬間であれば敵を突き崩すことは容易で、戦場を鳴海から桶狭間一帯に追撃戦を展開できたと考えられる。

そういえば、「正面攻撃説」支持者が、織田軍が中島砦から東へ進んだという説にこだわるのは、地元に伝承される合戦の目撃談や合戦後の残骸その類を取材してのことではないだろうか。ただし注意をしなければならないのは、敵本陣を攻めた一手の迂回奇襲という隠密性をおびた作戦の遂行よりも、敵前軍を攻めた一手の演じた派手な追撃戦のほうが地元にインパクトを与えた可能性が高いということである。

地元に伝承された最も有名な場所といえば太子ヶ根であろう。山岡荘八の『徳川家康』には「太子ヶ根山に到着したのは正午。そのころから早い流れ雲が再び空を蔽いつくして、いまにも雷雨が来そうな雲行きに変わっている」と書かれているし、司馬遼太郎の『国盗り物語』には「田楽狭間を見おろす太子ヶ根についたのは午後一時すぎであったろう。風雨がさらに強くなったためにここで小歇みを待った」と書かれているように、昭和の名著といわれた歴史小説にことごとく登場するこの地名は、『日本戦史　桶狭間役』の「西軍稍々霽ルヽヲ待チ午後二時頃吶喊シテ山ヲ下り直チニ敵営ヲ衝キ縦横ニ馳突ス」の「山」の注釈に「字太子ヶ根（愛知郡鳴海村ノ内〇此役以後土民之ヲ大将ヶ根ト称ス）」と書かれている。これを信ずるならば古戦場は豊明市栄町南館の国指定伝説地ということになろうが、これが敵前軍を攻めた一手の足跡が生んだ伝承かも知れないという疑問や、後世になって古戦場の場所から逆算して比定された伝承かも知れないという疑問を吟味せざるを得ない。

名古屋市緑区桶狭間の古戦場のパンフレットには「釜ヶ谷」という地名を紹介しており、織田軍がこの山陰に集結して身を潜め雷雨の過ぎるのを待ち今川軍右翼に突撃を開始した場所と説明している。古戦場保存会によると「この地域に伝わる話は合戦を目の当たりにした村人による目撃談であり、申し送りをして脈々と伝えてきた」もので「伝承は信憑性が高い話」ということだそうである。

今川義元の西進の目的はなんだったのか？

従来より今川義元の西進の目的は、『甫庵信長記』の「天下へ切テ上リ国家ノ邪路ヲ正ントテ」という記述から上洛して天下に号令をかけるという「上洛説」が通説とされてきた。最近では、後世の軍記物の創作であり史実とは異なるのではないかと疑問視されている。それに代わり提唱されている幾つかの有力な説として以下のようなものがある。

①三河の支配を確実にするためという説……永禄三年五月八日付で「治部大輔義元　宣任参河守」という宣旨、同時に「従五位下源氏実　宣任治部大輔」という宣旨が出ていることから、義元は三河の経営に本腰を入れる意図があったとし、その脅威となる隣国尾

張を攻めたという説。

②尾張三河国境の紛争解決のためという説……今川氏が尾張で占有している鳴海城・大高城・沓掛城の確保のために、その付城として織田勢が築いた善照寺砦・中島砦・丹下砦・鷲津砦・丸根砦を攻撃・破却を目指したというもの。

③尾張へ勢力拡大のためという説……尾張の織田氏を降し勢力下に収めるためというもの。最初に「正面攻撃説」を提唱した藤本氏は、「当時としてはごく平凡な、群雄間の境界争いの結果として起きた、ローカルな事件」と断じているから、②尾張三河国境の紛争解決のためという説を採っているといえる。

私はこれまで、桶狭間の戦いは正面攻撃ではなく迂回奇襲であると論じてきて、それは織田軍は迂回奇襲によらなければ到底勝利は有り得ないほど今川軍との軍事力差は歴然だったという考察に至っているので、②尾張三河国境の紛争解決のためという説では消極的過ぎると考え、③尾張へ勢力拡大のためという説が適当ではないかと思っている。

この場合において、義元は織田氏を滅ぼしてしまおうと考えてはいなかったように思える。もともと駿河・遠江・三河の三国を有する大大名の今川氏の家臣団は国衆の集合体なのだから、さらに織田氏も国衆の仲間に加えようというものだったのではないか。

今川本軍が鳴海方面ではなく大高方面に向かったとする説の提唱者の多くが、当時の大高城は伊勢湾に面し海上からの作戦があったと論じている。『信長公記』には「うぐゐらの服部左京助、義元へ手合として、武者舟千艘計、海上は蛛の子をちらすか如く、大高の下、黒末川口迄乗入候へとも」とあり、鯏浦衆と連携した海上からの作戦があったというのである。

私は『信長公記』の記述の中で解釈できる範囲で鯏浦衆の目的を論じればよいと思う。『信長公記』のこの記述は「別の働なく乗帰し、もどりさまに熱田の湊へ舟を寄、遠浅の所より下立て、町口へ火を懸け候ハんと仕候」と続くことから、義元が善照寺砦・中島砦・丹下砦を攻略して鳴海城とその一帯を確保した翌日にも清洲に向けて陸路進軍することを想定し、それを海から連携して熱田を攻撃するという作戦だったと考えられよう。

長期的に上洛までの計画が視野にあったかどうかの論議は今後の研究成果に期待したいが、どうやら少なくとも清洲城攻撃までの作戦があったと考えるのが妥当であると思う。

今後の研究の一助になれば……

以上のことから、私の結論は以下のように要約される。

・織田軍の進軍経路は、中島砦を出撃してから桶狭間の戦場に至るまでに、鷲津・丸根砦付近までの南方を大きく迂回する経路だったこと

・今川軍の本陣は大高方面ではなく鳴海方面に向かったこと

・織田軍は善照寺砦から敵本陣を攻める一手と敵前軍を攻める一手に分かれたこと。敵前軍を攻めた一手は佐々・千秋の数百騎程度のものとは別の、数千人規模で敵前軍への攻撃から敵全軍への追撃戦まで行ったであろうこと

私が解明した織田軍の進軍経路と奇襲攻撃の仮説について、従来の迂回奇襲説と区別して「南方迂回奇襲説」と名づけたいが、承認いただけるだろうか。

この結論に至るまでに、それなりの史料や書籍を読んだのであるが、最も重要視した『信長公記』については、愛知県史資料編11掲載のものを参照させていただいた。『三河物語』『甫庵信長記』についても同様である。県史に収録されていない『松平記』『日本戦史　桶

狭間役』については豊明市史を参照させていただいた。これらを手軽に読める環境にあることに感謝するとともに、これらの史料を原文で読みたいと思う方が愛知県内に住んでいるならば、近くの公立図書館に行ってみることをお勧めする。

桶狭間の戦いについては、様々な研究者が書籍を出して諸説が展開されているが、このうち藤本氏の「正面攻撃説」については特に敬意をもって参照させていただいて、さらには一部批評を加えさせていただいた。この説への疑問の提起としては、

・桶狭間山に休息した今川軍について、それが本陣であると決めつけたこと（支隊である可能性がなかったか）

・織田軍は中島砦から東に向かったとしたこと（南に向かったのではなかったか）

という2点ではあるが、たったこのことが「正面攻撃説」と「迂回奇襲説」に大きく結論が分かれることになってしまった。残念なことは、論証の過程で「桶狭間の合戦を奇襲戦であるかのように言い出したのは、江戸初期の作家、小瀬甫庵である」と断じて、「迂回奇襲説」を『甫庵信長記』による完全な創作であると貶めてしまったことである。

小瀬甫庵は『甫庵信長記』を著すにあたり「左府の士に太田牛一と云う人あり。尾陽春

日の郡の人なり。近世至治に帰する其の功、後代に伝へん事を欲して粗記し行くまゝに、漸く重累して数帙成んぬ。まことに其の士の取捨、功の是非を論ずるに、朴にして約なり。上世の史とも云つべし」と『信長公記』を意識したことを明かし、「しかはあれど仕途に奔走して閑暇なき身なれば漏脱なきに非ず。予是を本として、且は公の善、尽く備はらざる事を歎き、且は功あつて洩れぬる人、其の遺憾いかばかりぞやと思ふまゝに、且々拾ひ求め之を重撰す」と内容に改編を加えたことを明かしている。その結果、同時代の大久保忠教に『三河物語』のなかで「信長キヲ見ルニイツワリ多シ、三ヶ一者有事成、三ヶ一者似タル事モ有、三ヶ一者無跡事成」と酷評されているが、「信長記作タル者、我々ガヒヰキノ者ヲ我ガ智恵之有儘に能作タルト見得タリ」という改編の傾向も指摘されている。『甫庵信長記』の全てを頭ごなしに創作だと決めつけるのではなく、傾向の部分を注意深く見極めながら読み進めるということ、それが歴史に向き合う大切な姿勢だと思うのである。

私は名古屋市緑区桶狭間の古戦場公園と豊明市栄町南館の国指定伝説地にも足を運んで、特に名古屋市の地元が作成している「信長攻路」の地図について批評させていただいた。やはり残念なのは、『信長公記』には「東へ向てかゝり給ふ」とあるのに「信長攻路」の信長の進攻路は北から南に攻めかかった図になってしまっていて、整合していないことである。地元の伝承を無下に切り捨てる訳にはいかない事情は理解するが、それならば、「地元の伝承に基づけば北から南へ、『信長公記』の記述に基づけば西から東へ」というように、いくつかの進攻路を統合せず並列したままの説明のほうがよいのではないか。何が何でも地元の伝承と『信長公記』の内容の統合を図って一本の進攻路にまとめようとしたところで説得力がない。

豊明市の方は名古屋市の方と比較して影が薄く、覇気がないような気がする。名古屋市の方に気圧されて論負けしているといった様相である。国指定伝説地や資料室に置かれたパンフレットを見ても、旧い迂回奇襲路を紹介していたりパッとしない。豊明市の方がもっとしっかり古戦場案内に取り組んでいたならば、名古屋市の方もこれほど説得力のない「信長攻路」では済んでいなかったのではないだろうかと残念に思う。

どうしたところで桶狭間の戦いの主戦場となったのは名古屋市緑区桶狭間か豊明市栄町南館のどちらかである可能性が高いのだから、それを励みにしてもっと地元には頑張って盛り上げていってもらいたいと思う。

NHKにはメールで不躾な質問をしたのに対して回答をいただいたので感謝している。ただ指摘したとおり、『信長公記』の沓掛から鳴海に向から義元と『三河物語』の池鯉鮒から大高に向から義元を安易にゴチャ混ぜして、「ハイブリッド義元」よろしく沓掛から大高に向から義元を創作したところで何人をも説得するには至らないということを理解していただきたい。NHKが桶狭間の戦いについて勉強すべきは、「正面攻撃説」か「迂回奇襲説」かより以前に、義元が大高或いは鳴海のどちらに向かったのかをきちんと説明できるようにすることであるように思う。今後もし再び戦国時代の大河ドラマで桶狭間の戦いを描くときがあったなら、誰をも説得させる素晴らしい作品になるよう……ひとりの大河ドラマファンとして期待している。

二　三方ヶ原の戦い
～駿河・遠江の分割領有から合戦に至るまで～

武田・徳川間で交わされた分割領有の密約について

永禄十一年（一五六八）十二月、甲斐の武田信玄が北から駿河に向けて、三河の徳川家康が西から遠江に向けて、相次いで侵攻を開始した。

甲斐から駿河への侵攻に対し駿府を持ち堪えられなくなった今川氏真は、遠江掛川城の朝比奈備中守を頼って籠城した。

三河から井伊谷を経て遠江に侵攻した徳川家康は、引間（曳馬）を陥落させ掛川城を包囲した。

この両側からの同時侵攻については、あらかじめ武田信玄と徳川家康の間に分割領有の密約がなされていた。このことは『三河物語』には「甲斐ノ武田之信玄ト仰合而、家康ハ遠江ヲ河切に取給得、我ハ駿河ヲ取ント仰合候而、両国得出給ふ」と記述されている。

ところが、現代の研究者は以下のように論争している。

①大井川を川切にして駿河は武田・遠江は徳川という密約があった

②一応の①の密約はあったが、実力次第で川を越えて侵略してもよいという暗黙の了解があった

③徳川は大井川を川切にしてと認識して、武田は天竜川を川切にしてと認識して、双方ずれがあった

などである。

現実に分割領有の密約を反故にするような行動を武田方が起こした、つまり掛川城を包囲する徳川陣の背後を、信濃から侵入してきた秋山伯耆守の軍勢が脅かしたのである。

これについて『三河物語』は「秋山ハ信濃寄モ遠江の國アタゴへ出て見付之郷に陣取而、國侍供ヲ引付ントス。然處に家康寄仰ツカハサル。大炊河ヲ切而、駿河之内ヲバ信玄之領分、大炊河ヲ切而、遠江之内ヲバ某領分ト相定而有處に、秋山被出候事ユワレ無、早々引

帰ラセ給得ト、御使之立ケレバ、畏而候ト而、山ナシへ引入」と記述している。家康が抗議を申し入れた内容は、大井川を川切にして、駿河を武田の領分、遠江を徳川の領分として定めたのに……であるというのである。「秋山異儀に不及シテ引ノケルハ、秋山ハ巧者ト社ハ申ケル」とあるので、信玄はこの抗議を受け入れて秋山勢を甲斐に退きさがらせたということである。

ということは、多少の齟齬があったにせよ、①の分割領有の密約が存在し、信玄はそれを確認して対処したということになるように思われる。

しかし、②の実力次第で川を越えて侵略してもよいという「切り取り勝手」という解釈にも一応の根拠があるようである。まずは、武田信玄から遠江の国衆に宛てて、徳川ではなく武田に味方するよう調略の手紙が発せられていたということ、逆に徳川家康からも駿河の国衆に宛てて、武田ではなく徳川に味方するように調略する手紙は発せられていたということである。もうひとつは、家康の抗議を受け入れて信玄が秋山勢を退きさがらせたのは、そうせざるを得ない事情に陥っていたからで、徳川の言い分を素直に認めた訳ではないという解釈である。

武田の駿河侵攻にあたっては、それまでの甲駿相三国同盟を破棄する必要があり、信玄は駿河側に非があったためとして甲駿間の同盟を破棄し、これを相模に伝えたことになるのだが、相模の北条氏康はこれに激怒し軍勢を発した。これには徳川から北条へ働きかけがあったため、そのような徳川の機転に技ありをとられた信玄は、徳川を容易ならざる敵であると認識したようである。

また駿河内でも旧今川勢力の一揆が発生して、信玄は間道から本国に帰らなければならない事態にまで陥ってしまったのである。

武田は天竜川を川切にしてと認識という③については、おそらく『三河物語』の「然る所に、元亀三年壬申之年、信玄寄申被越けるハ、天竜の河をきりて切とらせ給へ、河東ハ某が切取可申と相定申處に大炊河ぎりと仰候儀ハ、一圓に心得不申」という記述を根拠としているであろうが、駿河と遠江の分割領有の密約は永禄十一年から翌年にかけての出来事なので、元亀三年の主張を持ち出す合理性はなく適切ではない。

ところで、秋山勢が信濃から遠江に侵攻した件については、『當代記』にも記述がある。『當代記』は山家三方衆のひとつ奥平氏の子孫にあたる松平忠明が編纂したといわれるが確証はないらしいのだが、山家三方衆に関する多くの内容を含んでいる。「遠州へも自信玄秋山伯耆守に伊奈郡人数相添、遠州へ被出、然處山家三方衆属信玄、秋山に伴遠州に出張也、引間の人数三方原へ出合戦、三川の山家三方衆及合戦、引間衆敗北、数多討捕」とあり、永禄十一年暮から翌年にかけて三方ヶ原の戦いがあって、山家三方衆はこれに武田方として参戦したというのである。さらに「二月秋山伯耆守遠州に在陣、無其詮之間、駿州へ通、三川三方衆は属家康公遠州に在陣す」とあり、その戦いの後に山家三方衆は徳川に従属して掛川城攻めに参加したというのである。

ただし、この記述をそのまま史実として受け入れることはできない。それは後述することにする。

遠江に進出した徳川家康が最初に本拠を置こうとしたのは見附（静岡県磐田市）であるが、その新城の普請は間もなく途中で中断し、引間（曳馬）を浜松と地名を改めて新城が普請されて本拠が移された。天竜川より東にある見附では、東の武田から侵攻を受けた時の防衛上の問題があると、同盟者である織田信長から反対されたため、天竜川の西にある浜松に改められたといわれている。

「信濃路進攻説」と「駿河路進攻説」

甲斐の武田信玄が遠江に侵攻するという家康にとっての最大の危機は元亀三年（一五七二）、武田軍が甲府を出発したのが十月三日である。

従来の通説では、その主力軍は信濃伊那郡から遠江に出る進路を南下した。途中、北遠江の犬居城の天野景貫が早々に武田の軍門に降り武田の先導役を買って出たため滞りなく遠江の平野部に到達、たった一日で天竜川東側の天方城・一宮城・飯田城・向笠城・各和城の五つの城を攻め落としたのが十月十三日であるという。浜松から出た徳川の偵察隊は予想より早く南下した武田軍と遭遇戦になったのが「一言坂の戦い」で、退却戦となった徳川軍の殿軍を見事につとめ、敵から「徳川に過ぎたるもの」として賞賛されたのが本多忠勝である。

武田軍はすぐには浜松城には攻め込まなかった。『三河物語』には「信玄ハ見付のだい寄、ごうだゐ島へ押上而陣取、其寄二俣之城責たる」とあり、天竜川の東側にある合代島に陣を敷いて二俣城攻めにかかったというのである。

ところが近年これまでの通説に異を唱えて、武田軍は信濃路ではなく駿河路から侵攻したのだとする新しい説が提唱され、従来の「信濃路進攻説」に対して「駿河路進攻説」と呼ばれている。

この説の根拠は十月二十一日付で山家三方衆の奥平道紋に宛てて発給された「不違兼日之首尾、各々忠節誠感入存候、於向後者追日可令入魂存分候、弥戦功専要候、当城主小笠原悃望候間、明日国中へ進陣、五日之内越天竜川、向浜松出馬、可散三ケ年之鬱憤候、猶山県三郎兵衛尉可申候、恐々謹言」という信玄の書状である。もうひとつは『當代記』の「十月、信玄遠州発向、高天神表を通、見付国府に被打出、見付には自濱松人数雖被置、無勢之間引退、信甲衆見付之古城普請之躰を見て、夥こと〻云々、信玄二俣に押寄被攻」という記述であるが、『當代記』の編者は奥平氏の子孫である松平忠明であるとするならば道紋宛信玄書状を根拠に記述していると思われるので、現代の私たちはふたつでひとつの根拠とみたほうがよい。

道紋宛信玄書状について注意すべきは、「当城主小笠原悃望候間、明日国中へ進陣」は、高天神城主が降伏を願い出ているので明日には遠州国内へと進軍できるだろうという、希望的予測であり、起こった事実ではないということである。書状では「五日之内越天竜川、向浜松出馬」というねらいなのに、『當代記』では「見付国府に被打出」のあと「信玄二俣

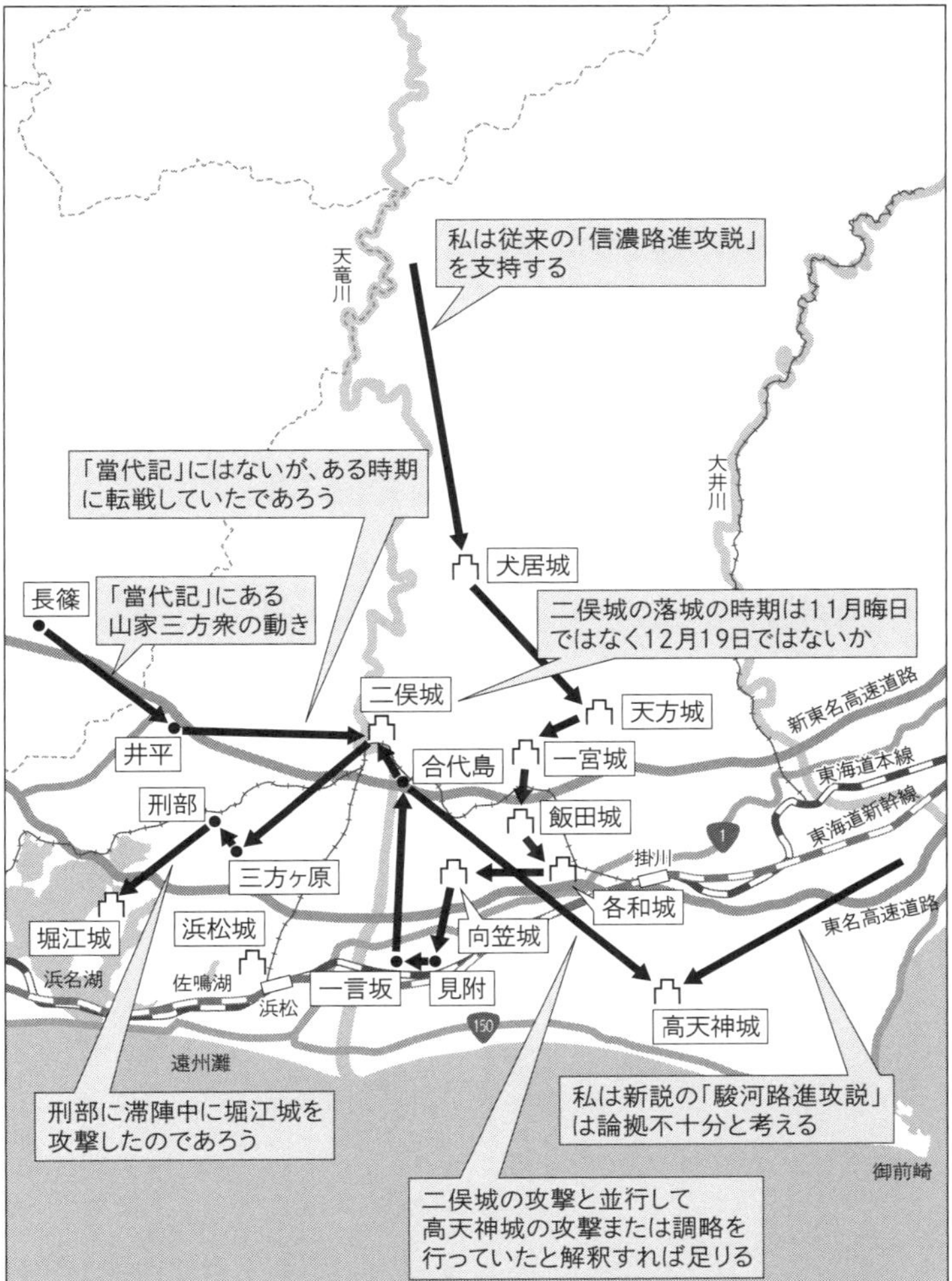
私は従来の「信濃路進攻説」を支持する
天竜川
大井川
「當代記」にはないが、ある時期に転戦していたであろう
犬居城
長篠
「當代記」にある山家三方衆の動き
二俣城の落城の時期は11月晦日ではなく12月19日ではないか
二俣城
天方城
新東名高速道路
井平
一宮城
合代島
東海道本線
刑部
飯田城
東海道新幹線
掛川
三方ヶ原
各和城
堀江城
浜松城
向笠城
東名高速道路
浜名湖
佐鳴湖
一言坂
見附
浜松
高天神城
遠州灘
私は新説の「駿河路進攻説」は論拠不十分と考える
刑部に滞陣中に堀江城を攻撃したのであろう
御前崎
二俣城の攻撃と並行して高天神城の攻撃または調略を行っていたと解釈すれば足りる

三方ヶ原の戦い

に押寄被攻」というように見附から二俣城攻撃に方向を転じたというのも不可解である。

この時に高天神城が落城したと解釈する研究者が多いが、実際には落城しなかったのではないだろうか。まず『當代記』の「高天神表を通」という記述が曖昧過ぎで、もし本当に落城させたのなら、攻め落としたとか、降伏開城させたとか、もっと具体的な表現になるのではないかと思われる。それから高天神城を落城させて手中にしたなら、二俣城攻めにこだわる必要などなかったと考えられる。さらに通説では武田氏がはじめて高天神城を手中にしたのは天正二年（一五七四）六月のこととされ、一年半の間に二度も落城するのはおかしいと考えられる。

武田信玄が十一月十九日付で越前の朝倉義景に宛てた書状に、「如露先書候、去月三日出甲府、同十日当国へ乱入、敵領不残撃砕、号二俣地取詰候、殊ニ三州山家・濃州岩村属味方、対信長為当敵干戈候、此所御分別肝要ニ候、為其以玄東斎申候、委曲説与彼口上候之間、不能具候、恐々謹言」とある。十月十日に遠江へ乱入して敵領を残らず撃砕したというのであるが、高天神城については触れられていない。もし十月二十一日に見込みどおり高天神城を落城させて天竜川を越えたとしても、それまでに十月十日からは十日以上も時間をかけていたということになる。二俣城攻略の見込みだけ書いて、高天神城を落城させた実績を書かないのは不自然ではないだろうか。
どうやら従来の通説「信濃路進攻説」のままでよいのではないだろうか。合代島に布陣をして二俣城攻めをするのと並行して高天神城の攻撃あるいは調略を行ったと解釈するだけのほうが筋が通るのである。高天神城の城主が降伏をほのめかしてきたが、いざとなると城を明け渡さずに時間を稼がれ、そのうち二俣城が攻め落とせたので高天神城は放置したということであろう。

武田軍が二俣城を落城させた決定打は水の手を切ったことにある。二俣城では天竜川の崖に井楼で水を汲み上げていたのを、武田勢は天竜川の上流から筏を流して井楼を破壊して、城兵が水を汲めないようにしてしまったという。『三河物語』には「其寄二俣之城を責ける。城にハ青木又四郎・中根平左衛門其の外こもる。信玄ハのりおとさんと仰けれバ、山県三郎兵衛と馬場美濃守両人かけまわりて見て、いやく此城ハ土井たかくして草うらちかし、とてもむり責にハ成間敷、竹たばをもつてつめよせて、水の手を取給ふ程ならバ、頓而落城可有と申けれバ、其儀ならバ責よとて、日夜ゆだんなく、かねたいこをうつて時をあげて責けり。城ハ西ハ天りう河、東ハ小河有り。水の手ハ岩にてキシ高きかけつくりにして、車をかけて水をくむ。天りう河のおし付なれバ、水もことすさまじきていなるに、大綱をもつていかだをくみて、うへよりながしかけ〳〵、何程共きわもなくかさねて、水の手をとる釣るべなハを切ほどに、ならずして城をわたす」とある。

しかし、多くの研究者が二俣城開城の時期を十一月晦日であるとしているのには疑問がある。朝倉義景宛書状を読む限り、二俣城を取り詰めたことまでは確認できるとして十一月二十九日の時点では落城させてはいない。『當代記』には「十二月、二俣城落去之間、令普請入番手、同廿二日、信玄都田打越味方か原に打上」とあるが、開城させたのが十一月晦日とする根拠は見出せない。合戦をするために敵地に乗り込んでおいて十一月晦日には接収した二俣城を二十日以上もかけて普請するなど悠長過ぎはしないだろうか？

私は二俣城の落城の時期について、一説にある十二月十九日という可能性が高いのではないかと考えるが、それ以上に確証を得ている訳ではない。

この頃の山家三方衆の動向について、『當代記』には「十月、山縣三郎兵衛、秋山伯耆三千餘、三川に打出、三川之山家三方属信玄長篠に陣取、野田に相働放火、遠州之山家井平に打出陣取、日々ほう田に打出相備、是二俣へ敵人数出す間敷の計也、此時家康公井平の人数を被打果事可安處に、信玄と合戦可有之内存にて、不被及此儀歟、家康公已来後悔し給、十月、岩村城属信玄之間、自井平陣中、信州衆下條伊豆守東美濃に遣、岩村に在城す、信甲衆井平に在陣の儀は、十月山縣三郎兵衛秋山伯耆自信州三川山中に出、三方之主作手奥平道紋入道、長篠伊豆守、同新九郎、田嶺新三郎属信玄、為案内者令先登之間、長篠に在陣して、野田に相働令放火、さて遠州井平に相移在陣也」とある。

最終的には山家三方衆は井平に在陣したということであり、三方ヶ原の戦いには参戦していないことになる。前述のとおり『當代記』には、永禄十一年の暮れから翌年にかけて三方ヶ原で戦ったことが記述されており、三方ヶ原で戦った記憶がＤＮＡに刻まれていない訳ではない。永禄十一年の暮れにも三方ヶ原で戦いがあったのかも併せて、この『當代記』の記述に信憑性が持てるのか検証すべきであるが、私は『當代記』には三方ヶ原の戦いに武田方として参戦したことを隠蔽しようという意図から史実を歪曲している可能性が高いと考えている。

三方ヶ原の戦いに至る数年の間で、武田信玄が山家三方衆をいつ頃に従属させたかは大きな問題である。元亀二年（一五七一）四月に武田軍は奥三河を経て東三河まで進攻を企て、その時に従属させたというのが従来の通説であったと思うが、最近では元亀三年（一五七二）五月が信玄と奥平氏の接触を確認できる最初の時期とする説が有力視されている。

この時期は、徳川氏も武田氏も激しい外交戦を展開していた。

徳川家康は越後の上杉謙信に元亀元年（一五七〇）十月八日付で

一、信玄江手切、家康深存詰候間、少も表裏打抜相違之儀有間敷候事

一、信長・輝虎御入魂候様ニ、涯分可令意見候、甲・尾縁談之儀も事切候様ニ可令諷諫候事

という内容の起請文を送っている。家康が起請したことを行動に移していたことは、この時期に織田と武田の間で進められた縁談が、結局は御破算になっていることから推察できる。武田信玄が元亀三年（一五七二）一月二十八日付で信長の家臣に宛てた書状に「甲・相存外遂和睦候、就之例式従三・遠両州可有虚説歟、縦扶桑国過半属手裏候共、以何之宿意信長へ可存疎遠候鳴哉、被遂勘弁、佞者之讒言、無油断信用候様、取成可為祝着候……」とあることからも確認できる。

書状には「輝虎甲・相・越三国之和睦専悃望候、雖然存旨候之間、不致許容候……」ともある。元亀二年（一五七一）十月に相模の北条氏康が没すると、信玄は後を継いだ氏政と

の間に甲相同盟を復活させたが、さらに越後との関係修復に助力するよう信長に求めているのである。信玄から信長に頼み事をするという、いかにも親和な態度を装った書状ではあるが、この書状をもって信玄が信長に敵意を抱いていなかったと論ずることは到底できない。

武田が周到に遠江侵攻の準備をすすめる中で、北条・上杉とは同盟して徳川だけを孤立化させようという意図が明白だからである。織田・徳川が同盟関係にあることを承知のうえ、両者を離間させる効果をねらった書状と解釈したほうが適当である。

このような当時の状況を鑑みるに、奥三河の山家三方衆が武田氏に従属した時期について、従来の通説であった元亀二年（一五七一）あたりの相当早い時期であろうと、私は考えている。それを立証できる一次史料を提示することはできないが、逆に最近の有力説である元亀三年（一五七二）よりも前ではないとするための十分な論拠がある訳ではないことも承知している。

三方ヶ原の戦い開戦の様子

三方ヶ原の戦いの開戦の様子について、『三河物語』には「然間信玄ハ上方に御手を取衆之おゝくありけれバ、三河へ出て、それより東美濃ゑ出、それよりきつてのぼらんとて、味方が原へ押上て井の谷へ入、長しのへ出んとて、ほうだへ引おろさんとしける處に…（中略）…家康濱松寄三理に及而、打出させ給ひ而、御合戦を可被成と仰せけれバ…（中略）…敵をほうだゑ半分過も引おろさせて、きつてかゝらせ給ふならば、やすくときり勝たせ給ハん物を、はやり過ぎてはやくかゝらせ給ひしゆへに、信玄度々之陣にあひ付給へバ、魚鱗にそなへを立て引うけさせ給ふ。家康ハ鶴翼に立させ給へバ、少せいという手うすく見えたり。信玄ハ、まづ郷人ばらを出させ給ひて、つぶてをうたせ給ふ」とあり、『信長公記』には「是者遠州表之事、霜月下旬、武田信玄遠州二股之城取巻之由注進在之、則、信長公御家老之衆、佐久間右衛門・平手甚左衛門・水野下野守、大将として御人数遠州濱松に至参陣之處に、早二股之城攻落し其競に武田信玄堀江之城へ為打廻相働候、家康も濱松之城より御人数被出、身方か原にて足軽共取合、佐久間・平手、初として懸付、互に人数立台既に一戦に取向、武田信玄水股之者と名付て三百人計眞先にたて、彼等にハつぶてをうたせて推大鼓を打て人数かゝり来ル」とある。

武田方の魚鱗の構え対徳川方が鶴翼の構えと『三河物語』にあり、非常に有名な場面ではあるが、魚鱗の構え対鶴翼の構えという表現は当時の軍記物のなかでは案外とよく使われる表現であるような気がする。佐久間信盛・平手汎秀・水野信元の名が『信長公記』には見えるが、織田方からの援軍の将であるから特記されているのであろう。

二つの史料に共通しているのは、武田方が礫打ちをしたということであるが、このような共通点を見出すことで両方の史料の信憑性を高く評価したくなる。

これに対して、かなり様子が違うのが『當代記』の「信玄都田打越味方か原に打上、濱松衆為物見十騎廿騎つゝ懸来取合之間、是を可引取之由曰、家康公出馬之處、不慮に及合戦、濱松衆敗北、千餘討死」という記述である。不慮に合戦に及んだ、つまり遭遇戦だったというのであるが、どうやら元亀三年の武田勢侵攻の一連の戦いで偵察に絡む遭遇戦として最も知られるのが一言坂の戦いであるが、『當代記』にはその一言坂の戦いの記述がなく、遭遇戦の逸話を三方ヶ原の戦いの開戦時に当てはめたのではないだろうか。『當代記』には「高天神表を通」という他の史料にはない記述があるが、その影響で一言坂の戦いが時系列的に存在し得なくなったのではないだろうか。

武田軍が祝田の坂を下って向かった先について、『三河物語』では井伊谷であるというのに対し『信長公記』では堀江之城であるといっており、喰い違いがあるという指摘がある。徳川の家臣だった大久保忠教が著した『三河物語』と織田の馬廻衆だった太田牛一が著した『信長公記』を比較するならば、私ならば三方ヶ原の戦いを読むうえでという条件で『三河物語』を信用する。三方ヶ原の戦いの後は暫く武田軍は刑部に滞陣したので、その付近にある堀江之城をも攻撃したとしても当然のことであるから、『信長公記』が誤っているとはいえない。『信長公記』には「信長公幼稚より被召使候御小姓衆、長谷川橋介・佐脇藤八・山口飛弾・加藤彌三郎、四人、信長公之蒙御勘当、家康公を奉憑遠州に身を隠し居住候らひし、是又一番合戦に一手にかゝり合、手前無比類討死也」とあり、太田牛一にとっては馴染みの四人がそこで討死したため特に堀江之城に特別な印象を持ったということではないか。ちなみにこの四人は、桶狭間の戦いで清洲城から出撃した主従六人のうちの四人である。

これ程に有名な三方ヶ原の戦いについて、どこで開戦されたか戦場が厳密には明らかではないのだという。

諸説ある中で最も有力なのは、『三河物語』の「敵をほうだゑ半分過も引おろさせて、きつてかゝらせ給ふならば、やすやすときり勝たせ給ハん物を、はやり過ぎてはやくかゝらせ給ひしゆへに、信玄度々之陣にあひ付給へバ、魚鱗にそなへを立て引うけさせ給ふ」という記述から、信玄は祝田の坂を下ると見せかけておいて、その手前で待ち構えていたという解釈に基づいて比定された地である。

この祝田の坂の手前が有力説になる以前は、小豆餅付近が有力視されていたそうだが、最近になって再び提唱されているという。その理由に、祝田の坂の手前までは浜松城から十二キロあり、浜松城から出撃してこの距離を移動したのでは開戦時刻とされる申刻には間に合うはずがないので、もっと浜松城から近い小豆餅付近ではないかというのがある。

この小豆餅説への反論として、合戦に及ぶことを決断する軍議は浜松城で行われたのではなく、既に浜松城から出撃して武田軍を追撃しながら行われたという説が登場した。

この、開戦の場が小豆餅付近だったとする最近の説、軍議は浜松城ではなく追撃途中で行われたとする説、いずれもいかがなものであろうか？

最近はインターネット上で国土地理院の地図閲覧サービスが充実しているので、その地図上で浜松城から根洗ノ松の直線距離を計測すると十キロに満たない。当時の浜松城は総構えの城という訳ではなかったであろうから、徳川勢八千の軍勢のうちの多くは多少前面に押し出して陣を構えていたとすると、ほとんどの騎馬・徒歩の軍勢が移動すべき距離はせいぜい七～八キロだったのではないだろうか。

軍議の場の問題については、『三河物語』の「家康濱松寄三理に及而、打出させ給ひ而」を、城から出撃して三里打ち出した所で……と解釈している訳であろうが、私は単に合戦の場が城から三里打ち出した場所になるという説明が挿入されている程度に読み取るべきだと思っている。いろんな読み方があるものである。

ちなみに小豆餅には、面白い伝承がある。敗戦して浜松城へと逃げ帰る家康は、つい空腹を覚え茶店があるのに気づいて立ち寄り、茶店の老婆が出した小豆餅を夢中で食べていた。そこに武田勢が追い迫って来たため、慌てて店を飛び出て馬を走らせると、なんと茶店の老婆が後ろから家康に追いつき、払わずに逃げた小豆餅の代金をキチンと取り立てたという。現在でも浜松市内に小豆餅という地名は残っていて、銭取という地名はないが遠鉄のバス停がある。これが史実だとすると、当時の老婆の体力は現代からは想像もつかない強靭なものがあったといえよう。

三方ヶ原の戦いで大勝した武田軍であったが、遠江に滞陣したまま越年し、元亀四年（一五七三）を迎えてから東三河へと進軍を開始する。その数ヶ月後、武田信玄は陣中にて病没し、武田軍は信玄の死を秘匿したまま甲斐へ撤退することになる。

このため、この武田軍の西上作戦の目的が永遠の謎に包まれてしまうことになった。信玄には信長と雌雄を決する一戦を交える覚悟があったのであろうか。それは足利将軍を中心とする信長包囲網の一翼を担って上洛を果たすつもりであったのか、あるいは信長の本拠地である美濃を侵略し岐阜城を攻めるつもりだったのか。

あるいは三方ヶ原の戦いに勝利すること自体が目的であり、信長との決戦は考えていなかったのであろうか。

このことは、「信濃路進攻説」と「駿河路進攻説」の議論にも多大な影響を与えている。もし信長との決戦を視野に入れていたなら、当然信濃路を進攻したであろう。もし家康との決戦だけを目的としていたなら、駿河路を進攻したかも知れない。もし……なら……の議論である。

三　長篠の戦い
～三千挺の鉄炮による三段撃ち～

長篠の戦いといえば、甲斐の武田信玄の跡を継いだ勝頼の率いる武田騎馬軍団が、織田・徳川の連合軍が馬防柵を築いて待ち構えるところへ突撃を繰り返し、ことごとく三千挺の鉄炮の餌食となり壊滅した戦いという印象で語られている戦いである。

武田の騎馬隊の突撃があったのか、三千挺の鉄炮による三段撃ちはあったのか……考察してみたい。

三千挺の鉄炮による三段撃ちとはなんだったのか？

現代に至るまで長篠の戦いのイメージをつくってきた史料といえば、江戸時代の初期から最も流布した軍記物というべき『甫庵信長記』であろう。

長篠の戦いの中で起こった戦闘は、鳶ヶ巣山と設楽ヶ原での二つの戦いということになろうが、そのうちの設楽ヶ原の戦いがはじまろうとする場面を『甫庵信長記』は「信長公先陣へ御出有テ、家康卿ト御覧シ計ラハレ、兼テ定置レシ諸手ノヌキ鉄炮三千挺ニ、佐々内蔵助、前田又左衛門尉、福富平左衛門尉、塙九郎佐衛門尉、野々村三十郎、此五人ヲ被差添、敵馬ヲ入来ラハ、際一町マテモ鉄炮打スナ、間近引請、千挺宛放チ懸、一段宛立替々々打スヘシ、敵猶強ク馬ヲ入来ラハ、チット引退、敵引ハ引付テ打セヨト下知シ給ヒテ、五人ノ者ヲ引具シ柵際ヨリ十町計乗出シ給ヒテ、勝頼カ軍中へ大鉄炮ヲ打懸給フニ……」と記述している。

同じ場面について『信長公記』には「信長ハ家康之陣所に高松山とて小高キ山之御座候に被取上、御敵之働を御覧シ、御下知次第可仕之旨被仰含、鉄炮千挺計、佐々内蔵助・野々村三十郎・前田又左衛門・塙九郎左衛門・福富平左衛門、為奉行近々と足軽懸られ御覧候、前後より攻られ、御敵も人数を出し候」とある。『甫庵信長記』は途中から「大鉄炮ヲ打懸給フ」などと『信長公記』にはない物語になってはいるものの、概ね『信長公記』を下敷きにして記述されているのが解る。

ふと『信長公記』のこの一文を読んで気付いたのだが、明確に二つの内容が書かれており「信長ハ家康之陣所に高松山とて小高キ山之御座候に被取上、御敵之働を御覧シ、御下知次第可仕之旨被仰含」と「鉄炮千挺計、佐々内蔵助・野々村三十郎・前田又左衛門・塙九郎左衛門・福富平左衛門、為奉行近々と足軽懸られ御覧候、前後より攻られ、御敵も人数を出し候」に分割すべきではないかということである。

とすると、五人の奉行というのは柵前に出て戦う足軽を率いているのであって、柵内の鉄砲隊とは関係ないではないか？という疑問が湧くのであるが、どうやら五人は鉄砲隊の奉行ということで間違いないらしいのである。馬防柵の内側で下知あるまで動くなと命じられている鉄砲隊と、柵前に出て戦う足軽隊に付属されている鉄炮千挺計は、編成上ワンチームだということを前提にすれば、『甫庵信長記』のその記述は『信長公記』の記述となんら内容に喰い違いがないのである。

もし武田の騎馬隊が突撃してきて織田・徳川連合軍の鉄砲隊が応射しただけの戦いで

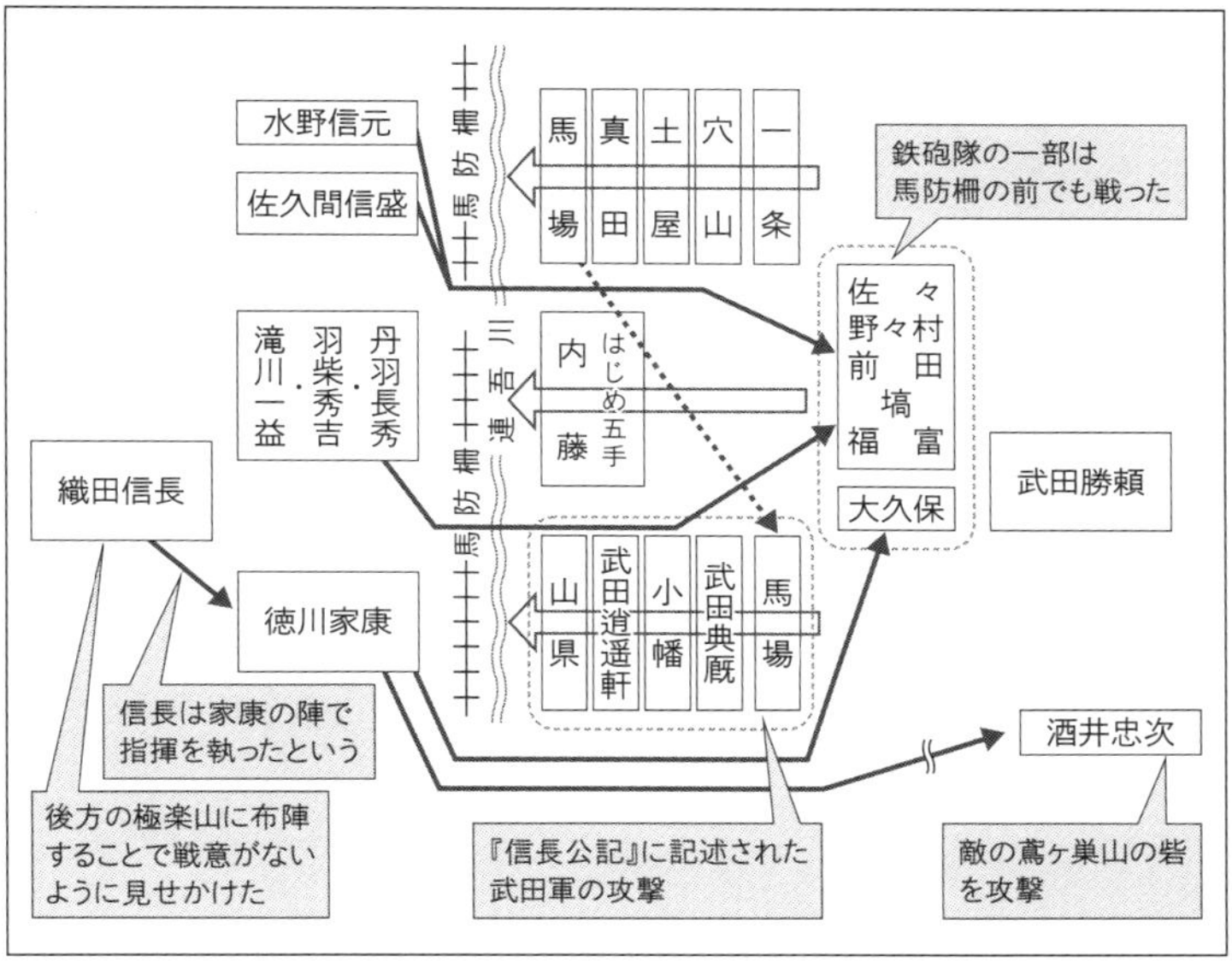

長篠の戦い　概念図

あったなら卯の刻のうちにも決着がついたであろうが、『信長公記』には「日出より寅卯之方へ向て未刻まで」とあるし、『甲陽軍鑑』にも「三時ばかりたゝかふて柵の木際へ押つめ」とあるので、実際は柵前に出た足軽隊が武田軍に挑発をしかけ入念に時間をかけて馬防柵の前まで誘き出したのであろう。

武田の軍勢が馬防柵にとりついて入替わり立替わり攻め込んできてからは、柵内から敵に撃ちかける隊と柵前で敵を挑発・誘き出す隊と出撃に備えて待機する隊が役割をローテーションさせていったと考えられる。これが『信長公記』や『甫庵信長記』から読みとれるところの三段撃ちということである。

武田軍が馬防柵に入れ替わり立ち替わり攻撃しかけたが、『信長公記』では一番が山県三郎兵衛、二番が武田逍遥軒、三番が西上野の小幡一党、四番が武田典厩一党、五番が馬場美濃守であったと記述している。『甲陽軍鑑』には「右は馬場美濃、二番に真田源太左衛門・同兵部介、三番に土屋右衛門尉、四番に穴山、五番に一条殿、以上五手、左は山県を始めて五手、中は内藤これ五手」とあるから、『信長公記』の五手は『甲陽軍鑑』の「左は山県を始めて五手」に相応するのであろう。

左の五手の攻撃順は『信長公記』と『甫庵信長記』は同じであるが、例えば二番の武田逍遥軒については『信長公記』には「懸れ者退、のけ者引付、御下知之如く鉄炮ニ而過半うたれ人数打入候也」とあるが『甫庵信長記』には「彼五人下知シテ、三千挺ヲ入替〳〵打セケレハ、爰ニモナシカハタマルヘキ、勝頼カ旗本指テソ引タリケル」とあり、様子が少し異なる。三番の西上野の小幡一党については『信長公記』には「入替りかゝり来候、関東衆馬上の功者にて、是又馬可入行ニ而、推太鼓を打而懸り来、人数を備候」に対して「こなたハ身隠をし而、鉄炮にて待請うたせられ候へハ、過半被打倒無人ニ成て引退」とあるが『甫庵信長記』には「三千余騎轡ヲ雙ベテ、馬上ニ鑓ヲ持、多は太刀ヲ真甲ニカザシ一面ニ進ンテ懸ケルニ」に対して「間近ク引付射ケル程ニ三百騎計ヒシ〳〵ト射倒シタリ、馬ノ懸引自在ナラスシテ、終ニ千騎計ニ打ナサレ、マバラニ成テソ引タリケル」とあり、やはり様子が少し異なる。四番の武田典厩一党については『信長公記』には「御人数一首も御出なく、鉄炮計を相加」のところが『甫庵信長記』には「味方ノ勢ハ終一備モ不入替、唯弓・鉄炮ノ先勢ノミ」とあり、これはよく似ている。

やはり『甫庵信長記』が『信長公記』を下敷きに記述しているところもあれば、創作なのか独自の取材に基づくものなのか『信長公記』とは異なる記述もあるようである。

いずれにしても現代の私たちが「三段撃ち」といっている意味を『甫庵信長記』の記述のなかに求めるならば、三千挺の鉄炮を千挺ずつに分け、柵内から敵に撃ちかける隊、柵前で敵を挑発・誘き出す隊と、おそらくもう一つは出撃に備えて待機する隊の三つのグループとなり、敵が入替え入替え攻め寄せるのに対し、鉄砲隊も入替え入替え応戦したということなのであろう。

ならば、火縄銃を一発撃つと弾込めのために時間を要するから間隔を埋めるために射手が入れ替わるという従来の通説はどこから発生してきたのであろうか？それは後世の研究者が、例えば「長篠合戦図屏風」などを見てなのか、勝手にそのように解釈してしまっただけなのではないだろうか。少なくとも『信長公記』や『甫庵信長記』はそもそもそのような意味で三段撃ちの記述をしていない。

武田の騎馬隊の突撃があったのか

私たちは「長篠合戦図屏風」などにより騎馬を主体とする武田軍が、織田・徳川連合軍が馬防柵を築いて待ち受けるところへ突撃しかける様子をイメージしているのだが、果たして無謀とも思える武田の騎馬隊による突撃があったのだろうか？という疑問が湧く。前述のように、『信長公記』には「日出より寅卯之方へ向て未刻まで」とあるし、『甲陽軍鑑』にも「三時ばかりたゝかふて柵の木際へ押つめ」とあって、突撃にしては時間がかかり過ぎている。少なくとも突撃ではなかったと解釈したほうがいいであろう。

設楽ヶ原の戦いの発端について、『信長公記』は織田方の五人の奉行衆に率いられた足軽隊が敵勢を前後から攻めたてたこととしている。『松平記』は徳川勢が「今日の御合戦信長衆は加勢、当手こそ本陣なれ、信長衆に戦を初られては此方の恥辱也」という意気込みで足軽隊に鉄炮の上手をつけて出撃したと記述しているし、『三河物語』は大久保忠世・忠佐兄弟の活躍を記述しているので、織田勢以上に徳川勢から積極的に戦場に繰り出した様子が窺える。『三河物語』は大久保兄弟の歳の離れた弟である忠教の著であるから大久保一族の活躍を誇張している可能性はあるが、おそらく活躍したのは事実であろう。織田方の五人の奉行衆は柵前に敵を誘き出す役割を意識して敵が押せば退きという戦い方であったであろうが、徳川方の大久保兄弟やその他の将兵がそれをどの程度まで意識していたかは不明なところがある。

それ以前に問題なのは、織田・徳川の連合軍が設楽ヶ原に臨んで布陣したのが五月十八日、それに対して武田軍が「滝沢川を打越、あるミ原三十町計踏出シ」と『信長公記』にあるように陣を前に進めて対決する姿勢を見せた理由である。織田・徳川の連合軍の軍勢は、武田の軍勢よりも相当数に勝っており、劣勢を意識した武田軍が戦う前から軍勢を退いてしまうことを信長はおそれていたはずである。

若い武田勝頼の戦意を駆り立てるために、織田軍は戦意がなくて臆していると敵に思わせるべく様々な工夫をしたようである。それは『信長公記』に「十八日推詰、志多羅之郷極楽寺山に御陣を居させられ」とあるように、徳川勢が陣を敷いた高松山よりはかなり後方に布陣したというのもある。また「馬塞之為、柵を付させられ候」とある馬防柵については、戦う気のない消極的な構築物に武田方には見えたのであろう。「今度間近く寄合候事、与天所候間、悉可被討果之旨、信長被廻御案、御身方一人も不破損之様に被加御思慮」とあるのは、信長はあえて敵に漏れ聞こえるように語ったのかも知れない。

わずか二年半前の元亀三年（一五七二）、武田軍は徳川軍に三方ヶ原の戦いで完膚なき敗戦という屈辱を与えてやった。その強大な武田の軍勢を父信玄から受け継いだという自負が武田勝頼にはあったのであろう。設楽ヶ原へと陣を三十町ほど前に進めて、敵味方二十町ほどの距離で対峙したことで、いよいよ決戦に臨む態勢を整えたのである。

ところで、鳶ヶ巣山砦への攻撃により退却させられた武田勢に押し出されるようにして設楽ヶ原の武田勢が前に出ざるを得なかったという説がある。『當代記』の「廿一日未明に、城の向鳵の巣久間両地、敵の付城へ押懸打破之而、城と一手になる、敵見之無理に信長・家康之陣所へ押かかるへき体にて寄来処に、素両将の陣所の前にさくをふり、向の原へ鉄炮の者数千丁指遣、敵の備へ打入の間、毎度中之、敵手負不知数之間引退、加様にする事及度々」という記述をそのように解釈するようである。

ただし、それには疑問がない訳ではない。『信長公記』によれば、鳶ヶ巣山砦の攻撃は「辰刻取上、旗首を上、鯨波を上、数百挺之鉄炮を放懸、責衆を追払、長篠へ一手ニ成」とあるので、戦端が開かれた時刻も『當代記』のいう「未明に」とは異なるし、設楽ヶ原の戦いが「日出より寅卯之方へ向て」始まったのと比べて鳶ヶ巣山砦の攻撃開始の時刻の方が遅い。そもそも徳川勢の目的は長篠城の救出であり、『信長公記』の「長篠へ一手ニ成」は『當代記』の「城と一手になる」と同じであるが、責衆を追い払ったものの追撃している様子でもない。『信長公記』には「鳳来寺さして致敗北」とあるので、武田勢が逃げた方向も設楽ヶ原とは反対の方向である。

あえて『當代記』のこの部分の記述を他の史料に優越していると評価する理由が、私には見つからない。『當代記』はこの時に長篠城を守っていた奥平信昌の子にあたる松平忠明が編纂したといわれる(確証はないらしい)が、奥平氏の長篠城を死守してきた努力が設楽ヶ原の戦いの勝利に貢献したのだというアピールする目的が過剰にありそうなので、これを読むにあたっては慎重を要する。

第二部
私説・三河物語

一　私説・三河物語
〜松平廣忠の苦難と徳川家康の成長物語〜

守山崩れが生んだ松平一族の分裂

天文四年（一五三五）に尾張の守山を攻撃中の松平清康が、その陣中において家臣に暗殺された事件は、「守山崩れ」といわれる。

現在の愛知県岡崎市を中心に西三河一帯に勢力を張った松平一族一揆のひとつ安祥松平氏は松平清康の代に大きく勢力を拡大させた。それまで惣領の座にあった岡崎松平氏の松平昌安を攻めて屈服させた清康は、昌安の娘婿に迎えられる形で惣領の座を奪い取ることに成功した。昌安は岡崎から退いて大草松平氏となった。

清康の躍進は松平一族一揆の頂点に立つことにとどまらず、東三河や尾張への勢力拡大に及んでいったが、あまりの増長ぶりは一族内にも反発を呼んだようである。

尾張の守山への出陣は織田氏への敵対であり、これには尾張の織田信秀の妹を嫡男の嫁に迎えていた桜井松平氏の松平信定をはじめ親織田派の松平一族の反対を押し切る形で行われた。清康が陣中で暗殺されるという結果になり、自壊した松平勢を追った織田信秀は守山崩れの十日後には三河に進攻して大樹寺に陣を敷いた。これに対し松平勢は伊田の郷で戦ったが敗戦し、松平信定が岡崎城を預かるという条件で和睦をとりつけたという。これにより清康の子廣忠は追放され、三河国内から逃れ伊勢へ向かい、さらに駿河の今川氏を頼って放浪した。

廣忠が頼ることになる直前の駿河では、今川氏の当主の氏輝とその弟彦五郎が急死して、その跡目を巡って出家していた栴岳承芳と玄広恵探が還俗して争うという花倉の乱が勃発した。これに勝利した栴岳承芳が義元と名乗り新しい当主となったのが天文五年(一五三六)のことである。

松平廣忠は今川義元という強力な後ろ盾を得て岡崎に帰城を果たすことになる。『三河物語』には「廣忠十三ノ御年、清康に御ヲクレサセ給日而、頓而其年、眼前之大伯父内前殿に岡崎ヲ立出サレサセ給日而、御年十三に而、伊勢之國得御ろう人被成、御年拾五之春、駿河國江御下被成、今河殿ヲ御頼被成而、其年之秋、今河殿寄モカセイヲクワヘテ三河乃國牟呂ノ郷にウツラセ給日而、御年拾七歳之春、御本居被成岡崎得入せラレ給ふ」とあり、岡崎に帰城したのが十七の春というならば天文十一年（一五四二）のことになるという。

ここで疑問が生じるのは、廣忠の岡崎帰城について『三河物語』からは、天文八年（一五三九）に没したとされる松平信定の生前の出来事として読み取れることである。「定而、上野寄内前殿カケ可被付、御ユダン有間敷ト申ケレバ、各々我も〳〵と懸入而、二三之丸ヲカタメケレ供、内前殿モ寄給ズ」とあり、廣忠の帰城を手引きした者たちが、岡崎城を奪還しに信定が来襲するのを警戒して守備を固めたが、信定は押し寄せて来なかったということである。「扨又、其後、内前殿モ御侘事被而御出仕被成、御一門悉御本居目出度トて、各々御出仕無滞」とあり、その後、信定は廣忠の家来となって仕えたという。

さらに疑問に感じるのは、あまりにも何もかもが穏便に過ぎるということである。廣忠を追放して岡崎城を預かったはずの松平信定が、岡崎城にはおらず上野城にいたというのである。信定には廣忠から惣領の座を簒奪する意志もなければ、廣忠が岡崎に帰城するのを阻止するつもりもなかったと解釈せざるを得ないではないか。『三河物語』では、廣忠の岡崎帰城を手引きする者が大久保一族から出たことを誇らしげに記述しているが、廣忠と信定の間で既に合意が出来ていたところで踊らされていただけだったようである。

松平廣忠の婚姻と離縁

松平廣忠が三河刈谷の水野忠政の娘於大と婚姻したのは、天文十年（一五四一）のことであるというのが通説であり、翌年十二月に廣忠と於大の間に竹千代（後の徳川家康）が誕生したことから逆算しても整合がとれる。廣忠が駿河から東三河の牟呂を経て岡崎に帰城した時期よりも廣忠と於大の婚姻の方が前のこととは考えにくいので、やはり岡崎へ帰城の時期は天文十一年（一五四二）よりもずっと前のことであると考えたい。例えば『新編岡崎市史2』では「天文六（一五三七）年六月にいたって広忠の岡崎還住が実現した」という説をとっているが、私にはそこまで早い時期という論拠は見出せない。

その頃、この廣忠の岡崎復帰の後ろ盾となっていた今川義元には大変な試練が訪れていた。花倉の乱を制して駿河の当主となった義元は、天文六年（一五三七）に甲斐の武田信虎の娘を正室に迎えて甲駿同盟を成立させたが、これが甲斐と敵対していた相模の北条氏を刺激することになったらしい。駿相同盟の破綻とみなした北条氏綱が駿河への侵攻を開始し、義元も軍勢を出して戦ったものの富士川以東を北条勢に占領され排除することができなかった。これを河東一乱という。

北条氏は遠江の堀越氏・井伊氏、三河の戸田氏・奥平氏に調略をしかけて義元を東西から挟み撃ちにした。

どうやら廣忠は岡崎に復帰を果たしたものの、これ以上義元を後ろ盾に頼むことはできなくなったのであろう。廣忠と於大の婚姻は、廣忠が松平一族一揆の惣領の座を維持するための新たな後ろ盾を必要として、織田氏と同盟関係にある水野氏から妻を迎え入れたということのようである。

これには今川義元も黙ってはいられず、天文十一年（一五四二）八月に三河へ軍勢を押出して尾張勢との合戦に及んだのが第一次小豆坂の戦いである。『信長公記』には「八月上旬、駿河衆三川之正田原へ取出、七段に人数を備候、其折節、三川之内あん城と云城、織田備後守かゝへられ候キ、駿河の由原先懸けにて、あづき坂へ人数を出し候、則、備後守あん城より矢はきへ懸出、あづき坂にて……」とある。

この第一次小豆坂の戦いは、「前後きひしき様躰是也」であったが、小豆坂七本槍の活躍もあり織田方の勝利に終わったとされる。今川方が勝利できなかったのは、河東一乱により東三河から遠江にかけての国衆が北条氏と連携して今川氏と敵対しており、今川氏が西三河まで軍勢を思うように遠征させられなかったからでもあっただろう。

『信長公記』には「是より駿河衆人数打納候也」とあり、この頃より駿河衆の西三河進出があったということであるが、実際に今川氏の東三河進出が本格化するのは天文十二年（一五四三）以降であり、西三河進出となるとさらに後年のことだったであろうと考えられている。

廣忠が於大を離縁にしたのは、水野忠政が死去した翌年の天文十三年（一五四四）九月のことである。忠政の跡を継いだ水野信元がこれまでの松平氏との友好関係を破棄して織田方に寝返ったためであるというのが通説のようだが、それは適当ではない。水野氏と織田氏の同盟関係は「守山崩れ」の頃には成立していたと考えられるからである。松平廣忠が再び今川氏への依存を強めたためであると考えるのが妥当である。

竹千代の尾張人質時代

廣忠と於大の間に生まれた竹千代（後の徳川家康）は天文十六年（一五四七）に人質として駿府へ送られることとなった。『三河物語』は「廣忠ハ四方ニ五ツ六ツ之取出ヲトサレ給日而一國一城ニナラセ給得バ今河殿ヲ御頼被成御家勢ヲ頼入ト駿河得仰ツカハシケレバ今河殿御返事ニ家勢之事ハ安キ儀成但ト申ニ人ジチヲ給候得其故家勢ヲ申サント仰ケレバ……」と理由を記述している。

ところが、駿府に護送されるはずだった竹千代は、渥美の海岸から船路で東へ向かおうとするところを義母の父にあたる戸田康光により拉致をされて、船は西に向かい尾張の織田信秀へと送られてしまった……というのが従来の通説である。

これに対して近年、織田信秀が岡崎城を攻略して、廣忠が降伏の証として竹千代を人質に差し出したという説があるらしい。相模の北条氏康が天文十七年（一五四八）三月十一日付で織田信秀に宛てた書状に「仍三州之儀、駿州へ無相談、去年向彼国被起軍、安城者要害即時ニ被破破之由候、毎度御戦功、奇特候、殊岡崎之城自其国就相押候……」とあるからである。信秀から氏康に三河での戦況を伝える書状を送ったことへの返答であるらしいのだが、氏康が信秀に対して好意的であったとは思えない内容ではある。

同じ天文十六年の『信長公記』には「去て備後殿ハ國中悉み勢をなされ一ケ月ハ美濃國へ御働又翌月ハ三川の國へ御出勢或時……」とあり、織田信秀が積極的に隣国へ出陣したことは記述されているものの、とりわけ三河だけに専念したという訳ではなさそうである。廣忠が誰によって一國一城にされてしまったかは検証が必要であろう。

私の推察ではあるが、織田信秀率いる尾張の軍勢が岡崎城を攻略したのではなく、松平一族一揆のなかで織田氏に友好的な支族が岡崎を攻めて、織田氏はこれを援助したということに過ぎないのではないだろうか。

田原の戸田康光にとっては、竹千代不在の間に康光の娘真紀姫が廣忠との間に男子を産めば、竹千代に代わって跡継ぎになれるかも知れないので、竹千代を拉致して他所に売り飛ばす動機がある。一方、織田信秀にとっては、むしろ廣忠に隠居してもらい幼い竹千代に当主になってもらったほうが得策なので、わざわざ竹千代を人質にとりにいく理由がない。

織田信秀は竹千代を人質に預かって途方に暮れたようで、『三河物語』は「廣忠之仰ニハ其方得出シタル事ナラヲバ何ト成供存分次第可有トテ終ニ御勿居ナカリケリ。弾正之忠モ理非モ無アタルヘキニアラザレバ打過ヌ」と記述している。

この事件により今川義元は三河に軍勢を派遣する決心をした。『三河物語』には「然間、今河殿仰ケルハ廣忠寄シチ物ハキタレ供ソバ寄盗取而敵方得賣申事ハ無是非。其故モ小田ト一身無侍之儀理ハ見得タリ。此上ハ廣忠ヲ見次而家勢可有トテ」とあり、人質は駿河には差し出されなかったが廣忠の義理は見えたからということである。

一方の織田信秀はこれまで敵対し幾度となく戦いを繰り返してきた美濃の斎藤道三と婚姻政策により和睦を果たした。信長と帰蝶の婚姻である。これにより三河方面に全集中する態勢を整えたといえる。

かくして天文十七年（一五四八）に第二次小豆坂の戦いがあった。織田と今川の両軍とは山道で相手を認識しないまま進軍して、いきなり遭遇戦になったという。『三河物語』には五分五分とはいえ「弾正之忠之方ハ二度追帰サレ申、人モ多打レタレバ駿河衆之勝ト云」と勝敗づけている。これにより織田軍は三河進出のための橋頭堡というべき安祥城に一部の軍勢を残して尾張へ引き揚げざるを得なくなった。

この戦いで松平勢は今川方ではなく織田方についていたという説があるらしい。その理由として、『三河物語』には今川勢が戦ったことが記述されているが、松平勢の動向については記述されていないからであるという。私はそう思わないのは、松平廣忠にとっては我が子を相手に人質にとられている状態であるから、今川方にしても無理に廣忠に出陣の要請をしなかったというだけのことであると思うからである。

松平廣忠は暫くして竹千代を織田氏の人質に差し出したまま死去してしまう。『三河物語』には「廣忠ハ其年二拾三に而御病死被成ケレバ」とあり、第二次小豆坂の戦いのあった天文十七年（一五四八）に病死したということであるが、翌天文十八年（一五四九）に家臣岩松八弥によって殺害されたという説もある。

今川義元は岡崎に城代を派遣するとともに、軍を発して三河の安祥城を攻め織田信秀の長男信広を生け捕りにして、信広と竹千代の人質交換を要求した。織田方としては、竹千代を駿府に送ることとは敵に利することとはいえ、竹千代を尾張で養育していることに利がある訳ではない。人質交換は行われて、竹千代は改めて駿府に人質として送られることになった。

この二年ほどの間の織田方と今川方の三河における折衝は、完全に今川方に軍配があがったといえる。織田方としては岡崎城に攻め入るどころではなく、それまで三河進出の橋頭堡としてきた安祥城さえ失って、三河進出の夢は完全に潰えたのである。

竹千代の駿河人質時代

尾張の織田氏にとっては失意の中、織田信秀が病死するのが天文二十年（一五五一）である。さらに事態が悪化したのは、嫡男の信長が跡を継いで間もなく、鳴海城主だった山口左馬助父子が謀反を企てて、駿河衆を手引きして鳴海城を明け渡したほか、調略により大高城と沓掛城も今川氏の手に渡してしまったことである。

その時期に尾張と三河の境で織田氏と今川氏の間で戦ったとされる古戦場を調べると、天文二十三年（一五五四）の村木砦の戦い（愛知県東浦町）と、弘治二年（一五五六）（或いは永禄二年（一五五九））にあったとされる福谷の戦い（愛知県みよし市）の古戦場ぐらいしか見当たらない。それ以降は永禄三年（一五六〇）の桶狭間の戦いまで間隔があいている。ちなみに村木砦の戦いは、『信長公記』に「去程に駿河衆岡崎に在陣候て鴫原の山岡構攻干乗取岡崎より持つゝけ是を根城にして、小河之水野金吾構へ差向、村木と云所駿河より取出を相構駿河衆楯籠候」とあるように、今川勢に知多郡にまで侵入されたことへの対応であった。福谷の戦いについては松平方酒井忠次の守る福谷城に織田方柴田勝家が攻め込んだ戦いとされるが、『信長公記』には記述がなく、弘治二年（一五五六）といえば尾張内では信長は同母弟の信勝をはじめ一族内との間で骨肉の戦いを演じているし、美濃では信長の後ろ盾であった斎藤道三が子の義龍に攻められ敗死してしまうという事態だったはずである。織田方にとっては三河への進出を画策するどころではない状況だったと考えられる。

駿河で人質生活を送ることとなった竹千代であるが、その目的は今川の家臣団を構成する国衆の惣領として相応しい人間になるように教育を受けること、そして今川氏の一門衆の姫を妻に迎えることで一門衆の仲間に組み込まれることであったという。

竹千代は今川氏重臣の関口親永に預けられて、屋敷の敷地内に住まいを与えられたという。関口親永は今川氏一門衆の瀬名氏の出であるが関口氏の養子に迎えられ家督を相続した人で、大河ドラマ「どうする家康」では関口氏純の名で登場していた。親永の妻は今川義元の妹であるとされる。

その竹千代の住まいの近くに、源応尼という女性が庵を結んでそっと住んだという。源応尼は水野忠政の妻で竹千代にとっては祖母にあたるが、三河刈谷の地元では於富の方という名で知られている。忠政の死後に松平清康の妻になり、さらに星野秋国・菅沼興望・川口盛祐の三人の夫をもったという謎めいた伝承があるが、そもそも忠政よりも清康の没年の方が早いので、忠政の死後に清康の妻になったという伝承はおかしい。忠政が清康に妻を譲り渡したとするならば、それは両者生前のことで、於富の方とは別の女性だったであろう。前述のように清康は岡崎松平の養子に迎えられる形なので、忠政に嫁いでいた女性を離縁させて清康と再婚させた可能性があり、その時に於富の方が忠政の継室に迎えられたということではないだろうか。幾つかの話が混同している可能性があるので、その他の三人の夫の話もよく解らない。

竹千代の教育のために臨済寺の僧太原崇孚雪斎がついたという。この雪斎禅師は若き今川義元の教育係を務めた人物でもある。義元と同じ教育係が竹千代についたということは期待の大きさがうかがえる。

竹千代は成長して元信ついで元康と名乗るが、この松平元康が妻に迎えたのが関口親永の娘瀬名姫である。瀬名姫の母は今川義元の妹なので、瀬名姫は義元の姪ということになる。元康は一門衆に迎えられたということである。松平元康と瀬名姫の間には一男一女が生まれるが、元康の駿河時代に生まれたのは長男の竹千代（後の信康）である。

この間、三河では岡崎城には城代が派遣され、松平衆は今川方の搾取にあい窮乏した生活だったという。『三河物語』には「其内者、御フチ方斗之アテガ井ニシテ三河之物成トテ少モツカハサレ候事弄シテ今河殿得不ら残押領シテ御譜代之衆者。拾ケ年余御フチカタノ御アテガ井可被成様モアラザレハ……」などと記述されている。

さらに松平衆を苦しめたのは、頻繁に駿河から尾張に出陣があればその先陣を切りその合間にも尾張から出陣があればこれを防ぐといったように、常に戦闘に明け暮れる状態だったというのである。『三河物語』には「年にハ五度三度づつ駿河寄尾張之國得働に而有、竹千代殿ノ衆に先懸ヲセヨト申越ケレ供、竹千代様ハ御座不被成、誰ヲ御主トシテ先懸ヲセントハ思得供、然供御主ハ何クニ御座候供、普代之御主様得乃御奉公ナレバ各々我々不残罷出く先懸ヲシテ親を打死サセ子ヲ打死サセ伯父姪イトコヲ打死サセ其身モ数多乃疵ヲカフムリ、其間〳〵にハ尾張寄働ケレバ出候者禦盡夜心ヲツクシ身ヲクダキ働トハ申セ供……」と記述されている。

永禄元年（一五五八）、松平元康は今川義元の命により三河加茂郡寺部城の鈴木重辰を攻めた。これが元康の初陣であるとされ、このために岡崎に帰還した元康の成人した姿に譜代衆の喜びは言い尽くせないものだったという。『三河物語』には先ず大高城への兵糧入れを行い寺部城攻めに続いて梅ヶ坪・広瀬・挙母の城にも攻め込んだとの記述がある。

寺部城攻めについては、例えば能見松平氏の松平重吉宛「今度鱸日向逆心之刻走廻、日向守楯出寺部城請取候処、其上親類・被官就相替、日向守重而令入城処、相戦蒙疵……」という感状が今川義元から発せられているので、おそらく元康もこれら松平一族一揆の支族たちを従えて戦場に向かったものと考えてよいであろう。

寺部衆の離反について、兎角、尾張の織田勢力と連携があったと論じる研究者がいるようだ。どうやら広瀬衆の合力があったようだが、尾張の織田勢力と連携があったかの確証はなく、むしろ美濃の遠山氏などと連携を企図していた可能性が高いのかも知れない。松平重吉宛の感状には「今度鱸日向逆心之刻走廻」とあるだけで織田勢力との連携は読み取れない。第二次小豆坂の戦いの頃の、例えば松井惣左衛門宛感状には「於西三河小豆坂尾州馳合」とあるし、朝比奈藤三郎宛感状には「於三州小豆坂織田弾正忠出合」とあるように、文面から尾張の織田勢力と戦ったということが読み取れる感状が多いのだが、寺部城攻をはじめこの時期に発せられた感状には織田勢力との関わりをうかがわせる文面は見当たらない。
大高城の兵糧入れについては『三河物語』には「永禄元年戌午の年、御年十七歳にシテ大高之兵粮入ヲ請取セラレ給ひて入サせ給ふ処に……」とあるが、この件には疑問がある。大高城の兵糧入れに対する義元の感状は、奥平監物宛「去十九日、尾州大高城江人数・兵粮相籠之刻、為先勢遣之処、自身相返敵追籠、無比類動、殊同心・被官被疵、神妙之至甚以感悦也、弥可抽忠切之様、仍如件」、菅沼久助宛にも同様のものが、いずれも永禄二年であろうか十月廿三日付で発せられているのだが、松平氏宛の感状は確認されていない。本当に永禄元年に松平勢が兵糧入れをしたのか解らない。

暫くして元康は駿府に戻ったが、松平勢はさらに尾張知多郡石ヶ瀬へ進出して水野勢と戦った。この時に初陣を果たした水野忠重が一番槍の手柄をたてたが、それを織田信長が賞したということが『水野勝成覚書』にあるので、僅かながらに信長自身が松平との戦いに臨んだことがあったということかもしれない。

永禄二年（一五五九）五月一六日付で松平元康は家中に宛て七ヶ条の掟書を発した。

一　諸公事裁許之日限、菟角申不罷出輩、不及理非可為越度、但或歓楽、或障之子細、於歴然者、各へ可相断事、

一　元康在苻之間、於岡崎、各批判落着之上罷下、重而雖令訴詔、一切不可許容事、

一　各同心之者陣番并元康へ奉公等於無沙汰仕者、各へ相談、給恩可改易事、付、互之与力、別人ニ令契約者、可為曲事、但寄親非分之儀於申懸者、一篇各へ相届、其上無分別者、元康かたへ可申事、

一　万事各令分別事、元康縦雖相紛、達而一烈而可申、其上不承引者、関刑・朝丹へ其理可申事、付、陣番之時、名代お出事、可停止、至只今奉公上表之旨、雖令訴詔、不可許容事、

一　各へ不相尋判形出事、付、諸篇各ニ不為談合而、一人元康へ雖為一言、不可申聞事、

一　公事相手計罷出可申、雖為親子、一人之外令助言者、可為越度事、

一　喧嘩公論雖有之、不可贔屓、於背此旨者、可成敗事、付、右七ヶ条於有訴人者、逐糺明、忠節歴然之輩申旨令分別、随軽重、可加褒美者也、仍如件、

この掟書の内容として、三河における諸事について岡崎の家老衆に裁量が委ねられており、駿府の元康の権限が制約されていることが解る。家老衆の決定に元康が従わないとき

は今川家老の関口氏純・朝比奈親徳に申し立てすることを定めている。それでも元康が人質の少年から成長していく過程で、制約があるとはいえ元康が政治の決裁に位置づけが与えられ、三河が今川による直接統治から元康を介した間接統治に移行していることが確認できる。

桶狭間の戦いと清洲同盟について

永禄三年(一五六〇)五月、駿河の今川義元は大軍を発して西に向けて進軍を開始した。従来より西進の目的は、『甫庵信長記』の「天下へ切テ上リ国家ノ邪路ヲ正ントテ」という記述から上洛して天下に号令をかけるという「上洛説」が通説とされてきた。最近では、後世の軍記物の創作であり史実とは異なるのではないかと疑問視されている。少しヒントになりそうなのが、永禄三年五月八日付で出された「治部大輔義元　宣任参河守」という宣旨、同時に「従五位下源氏実　宣任治部大輔」という宣旨で、義元は駿河・遠江の統治は子の氏真に任せて、自らは三河の経営に本腰を入れる意図があったと考えられそうである。三河の隣国である尾張を攻めようとしたのは、三河の安定的な支配には尾張の脅威を取り除くことが肝要であるという判断があったであろうし、ある程度の長期的なビジョンで三河の統治が安定的になったところで上洛を目指すという目的があったのかも知れない。

松平勢は当然の如く先鋒を担うことになった。戦国大名が戦争に赴く場合、その方面の国衆が先鋒を務めるのが常識とされていたから、この今川義元の西進の場合は三河・遠江の国衆が先鋒を務めるのが当然のことだったのである。義元が駿河を出陣する直前の四月十二日付で水野十郎左衛門尉宛に発した「夏中可令進発候条、其以前尾州境取出之儀申付、人数差遣候、然者其表之事、弥馳走可為祝着候、尚朝比奈備中守可申候、恐々謹言」という書状があるから、大高方面へ向かう軍勢の采配は朝比奈備中守に委ねられたということで、松平勢は朝比奈勢の旗下に組み込まれて、本軍よりも先行して尾張と三河の国境に近い大高方面へと進軍したということのようである。

桶狭間の戦いがあったのは五月十九日である。『三河物語』には「義元ハ、地リウ寄段々に押て大高え行」とあるが、これは単純に誤りであろう、駿河出陣の前から大高方面は朝比奈備中守に采配を委ねているのだから、ここでの義元は朝比奈備中守のことである。松平勢は丸根砦攻めを任されるのであるが、その攻撃の様子が『三河物語』には「元寄踞殿ナレバ、即押寄て責給ひケレバ、程無タマラズシテ、作間ハ切て出ケルカ、雲モ尽キズヤ、打モラサレて落て行、家の子郎党供ヲハ悉打取、其時松平善四郎・筧又蔵、其外之衆モ討死ヲシタリ」とある。作間というのは佐久間大学のことで他の史料ではこの時に討死しているので「落て行」というのは誤りなのだが、佐久間信盛と混同したのであろうか。

味方も多く討死した様子であり、その中の松平善四郎というのは大草松平氏の松平正親のことである。安祥松平氏とは兎角対立関係をとってきた大草松平氏・桜井松平氏も含めた全ての松平一族一揆が、元康の旗印のもとへ集結して戦いに参加していたということである。

さて、少し議論を呼んでいるのは『三河物語』は、棒山の砦（丸根砦）を攻めた後に「其寄大高之城に兵ラウ米多誉」と続いていることである。時系列的に丸根砦攻めを行ってから大高城の兵糧入れを行ったという順番ではないかということである。『信長公記』には「十八日夜ニ入、大高之城へ兵粮入、無助様に、十九日朝塩乃干満を勘かへ、取出を可払旨必定」とあり、大高城の兵糧入れは既に行われて、これから鷲津・丸根砦攻めが行われるであろう見込みが記述されており、十九日午剋の頃「今度家康ハ朱武者にて先懸をさせられ、大高へ兵粮入、鷲津・丸根にて手を砕、御辛労なされたるに依て、人馬の休息、大高に居陣也」とあり、大高城の兵糧入れから丸根砦攻めの順で行ったと読み取れる記述になっている。

　ここで検証しなければならないのが、『三河物語』にある永禄元年（一五五八）に三河加茂郡寺部城攻めの前後に行われたとする大高城の兵糧入れのことである。「永禄元年戌午の年、御年十七歳にシテ大高之兵粮入ヲ請取セラレ給ひて入サせ給ふ処に、敵モ出て見えケレバ、物見ヲ出サせ給ひシに、鳥居四郎左衛門尉・杉浦藤次郎・内藤甚五左衛門尉・同四郎左衛門尉・石川十郎左衛門尉ナド見て参、今日之兵粮入は如何御座可有哉、敵陣ヲ持て候ト被申上候処え、杉浦八郎五郎参て申上候は、早々御入候ラエト申上ケレバ、各々被申ケルハ、八郎五郎ハ何ヲ申上候哉、敵気イて陣ヲ持タルト云、八郎五郎申、いや〳〵敵は陣ハ不持、御旗先ヲ見て、山成敵方が下えヲロサバ、陣ヲ持タル敵ナレ共、御旗先ヲ見て、下成敵ガ上え引上申せバ、兎角に敵者武者ヲバ持ヌ敵にて御座候間、早々入サせ給えト申ケレバ、八郎五郎ガ申ゴトク成、早々入ヨト被仰て、押立て入サセ給えバ、相違ナク入給ひテ引退ケ給ふ。大高之兵粮入ト申て御一大事成」とある。物見を出すと付近の砦に敵がいると報告があったが、それは戦う意志のない敵だから無視すればよいと元康が判断して、砦の近くを難なく通過して大高城に兵糧を入れたというのである。

　もし松平氏の大高城への兵糧入れが永禄元年には行われていないならば、兵糧入れが鷲津・丸根砦に敵勢がいる状態で行われたという記憶は、永禄三年の桶狭間の戦いの時のものということになる。つまり、兵糧入れの方が鷲津・丸根砦攻めよりも先に行われたということになる。

さすがに、駿遠三の大軍を率いる今川義元ほどの戦国大名が、敵に襲われるかも知れないところへ兵糧入れの行軍などという無理な作戦を命じるはずもない。鷲津・丸根砦の敵勢は松平勢が目の前を兵糧を運んで通過しても、それを阻止するつもりにもならないほど戦意がなかったということであり、義元はそれを全て見通していたのであろう。

異説に、『東照宮御實記』に「先手寺部に押よせ木戸を破り火を放ち、そが光に乗じてさつと引上、また梅坪にをしよせおなじさまにせめ戦ひ、二三の丸まで押銃撃おびただしく聞ければ、丸根鷲津の城兵等大高をばすて置、みな寺部梅坪の援兵に打てで、諸城ともに人少きよし細作かへりきて聞えあげしかば、時こそ至れと急に兵を進めて難なく粮を城中に遅らせ給ひけり」とあることから、寺部城・梅坪城に攻撃するという陽動作戦を行って敵がそちらに応戦に出た隙に兵糧入れしたと解釈する研究者がいる。『東照宮御實記』は永禄二年（一五五九）四月九日のことであるといっていて日付がおかしいし、なによりも実際に現場に赴いて実地検証すれば到底無理な作戦であることが一目瞭然である。

不幸にも桶狭間の戦いにおいて一瞬の隙を衝かれた今川義元は討死を遂げ、松平元康は夜陰に紛れて大高城を脱出し岡崎へと逃げ帰った。すぐに岡崎城へ入城せず、まずは大樹寺に身を寄せて様子を見極めた上で、城代が駿河に退き下がって空城になったところを入城したという。

松平元康は駿府での人質生活から解放されて岡崎城の主となったが、松平氏が今川氏からすぐにでも独立を果たすことはなく、その態度を明確にするのは永禄四年（一五六一）の二月から四月の頃のようである。桶狭間の戦いの後のかなり早い時期から今川の勢力がおよばなくなった加茂郡に織田や水野よりもはやく目をつけ、広瀬・挙母・寺部・梅ヶ坪などの城に軍勢を送り込んだが、表面的には反今川勢力と戦い今川勢力の残党を援助するという姿勢をとったのであろう、駿府の今川氏真の了解のもとであったようである。

松平勢が水野氏の刈谷城を攻めたのは、おそらく永禄三年（一五六〇）七月頃であろう。『三河物語』には「雁屋寄十八町得出テタ、カイケリ」とあり、城方も出撃して野戦だったらしい。続いて水野勢と石ヶ瀬でも戦った様子が、『三河物語』には「小河衆又石ガ瀬迄出テ各々鑓ガ合、石河伯耆守ト高木主水ガ鑓ガ合」などと記述されている。

ところが、永禄四年（一五六一）六月頃になると松平元康が離反したという事実を今川氏真が認識したようである。例えば氏真から六月十七日付で奥平道紋宛に発せられた感状に「今度松平蔵人逆心之刻、以入道父子覚悟無別条之段、喜悦候、弥境内調略専要候、此旨親類・被官人可申聞候……」とあるし、同日付の奥平監物丞宛の感状にも同様に「今度松平蔵人逆心之刻」という文が見られる。

松平元康が今川氏からの離反の態度を明確にしたのは織田氏との同盟の目処がついたからというのが最近の通説のようだが、『信長公記』には「翌年四月上旬、三州梅が坪の城へ御手遣、推詰、麦苗薙せられ、然而究竟の射手共罷出、きひしく相支、足軽合戦候て……」とあるので、永禄四年（一五六一）四月になって織田勢が三河の加茂郡に進出して松平勢と合戦に及んだということである。どうやら、松平勢が今川勢と戦っていた時期と織田勢と戦っていた時期は重複しており、今川勢とも織田勢とも同時に戦っていた時期があるらしい。織田氏との同盟の目処がついたため今川氏からの離反の態度を明確にしたというのがほぼ通説となっているが、それは誤解である可能性が高い。

『信長公記』の加茂郡に進出したという記述の中には、戦った相手が松平勢であるとは書かれていないことから、織田勢は松平勢と協力して今川勢と戦ったのだという説もあるようである。しかし、『三河物語』には「其後信長ト御ハダン被成シ寄ハ、此城々得御働きハ無、但西尾之城ト東祥之城ハ駿河方ナレバ説節之御働き成」とあり、織田勢との戦いが止んだ後も今川勢との戦いは続いたという意味なので、やはり、松平勢は今川勢とも織田勢とも同時に戦っていた時期があると解釈するべきであろう。

松平元康が尾張の清州城に赴き織田信長と会見し三尾同盟を成立させたのは永禄五年（一五六二）一月十五日であるという。『東照宮御實記』には「水野信元が織田家に申すゝむるにより、尾張より瀧川左近将監一益もて、石川與七郎和正が許に和議の事いい送りしかは、老臣等めして此事いかゞせむと講せらる。酒井忠次云く、當家只今の微勢もて織田今川両家の間に自立せむ事かたし……」とある。「清州の城へ渡御あれば、御行装を拝まんとてかの國の者等城門の邊に立つどひていとかしがまし。此時本多平八郎忠勝は年わづか十四にて供奉せり。御馬前に御長刀もちて供奉しながら、三河の家康が両國の好を緒れんが為に来られしに、汝等何とてなめげなる挙動するぞと大聲にて罵りければ、皆その猛勢に恐れて忽に静謐せりとぞ」「かくて信長は二丸までいで迎へ先立して本丸へ入れ奉る」などと記述されている。

織田と松平の盟約を交わす場面について、『東照宮御實記』には「今より後互に力を戮せ心を同うして、天下を一統せむよし」と誓文に載せて誓書を読み終わってから焼いて灰にして神水とし、両者これを飲んで永く隣好を結んだとあり、『武徳編年集成』には「織田天下ノ首将タラハ徳川其幕下ニ属スヘシ、徳川天下ヲ管領セハ織田其麾下タラン、永ク違変有ヘカラス」と盟約を交わし、信元が誓紙に血判を加え、また小さな紙に「牛」の字を書いて三つに切りそれぞれこれを飲み込んだとある。

この清洲同盟については、信長と元康の両者が清洲城で会見したのかという疑問があるという。多くの研究者が実際には両者の会見は存在せず使者の行き来だけで同盟が成立したと解釈をしているようである。その理由としては『信長公記』『三河物語』という比較的信頼できる史料に会見の記述が見当たらないこと、徳川方家臣の家譜に随行したという記録が見当たらないことが挙げられている。

私はこの会見は両者臨席にて実際にあったと考えたい。そもそも『信長公記』の首巻の桶狭間の戦い以降は、ほとんど信長の尾張統一と美濃攻略への経緯のことしか記述されていないのであるから、この会見のことが記述されていなくて当然といえる。『三河物語』にはこの会見についての記述がない訳ではなく、「其後信長ト御ハダン被成シ寄ハ、此城々得御働きハ無、但西尾之城ト東祥之城ハ駿河方ナレバ説節之御働き成」のなかに垣間見ることができるではないか、御ハダン（＝御和談）とは和議にむけた会談ということであり、「御」がついているから信長と元康が関わったということであろう。

両雄が直接関わったのに、『信長公記』『三河物語』に会見の記述がない或いは僅かなのは、この会見の結果が両者にとって不本意だったからではないか。織田方にとっては桶狭間の戦いにおいて満身創痍になりながらも勝利者として名声を欲しいままにした以上、三河の国衆に過ぎない松平と対等の関係での同盟は納得いかなかったに違いない。

そして松平方にとって不本意だったのは、『武徳編年集成』に「尾張参河ノ封境ヲ定メ尾州鳴海沓掛大高参州丹家廣瀬挙母梅ヶ坪寺部岡等ノ数城ニ籠置所ノ尾州方ヲ引取共城砦尽ク神君ニ帰附セシム」という記述があるが、その裏返しではないだろうか。松平方として会見に臨む目的は、これから西三河から東三河への統一事業を展開するにあたって、尾張と三河の国境をはっきりさせたかったからに違いない。尾張知多郡への進出を放棄するかわりに三河加茂郡から織田勢に撤退してもらいたいと考えていたはずである。

桶狭間の戦いで戦功第一とされたのは梁田出羽守で、義元に槍をつけた服部小平太や首級を挙げた毛利新助よりも評価されたという。しかし、常識的に考えれば、最も多大な犠牲を払った佐久間一族が本来の戦功第一であることは間違いないはずである。佐久間信盛が報償たる領地を求めて切り取り勝手で三河加茂郡に侵攻するのを、信長としても制止することが出来なかったのであろう。

結局は三河の加茂郡には織田勢が居座ってしまったというのが実態のようである。一時期、三河碧海郡と加茂郡の一部は尾張方に侵食されて高橋郡となっていた経緯がある。

織田との対等の立場での同盟を勝ち取った代償に、三河加茂郡を尾張領として認めるという譲歩をさせられた結果は、松平の家中でも批判にさらされたに違いなく、会見に随行した家老衆にとって家譜に書き残して誇るような実績にはならなかったのであろう。

三河一向一揆

こうして今川勢力からの独立の姿勢を明確にして、一方で織田勢力との同盟を果たした松平元康は、今川義元から頂戴した「元」の一文字を棄て、名を「家康」に改めた。ところが、その矢先の永禄六年(一五六三)の秋頃に一向一揆が勃発してしまう。その発端は諸説あるが、

①松平の家臣菅沼定顕が上宮寺から兵糧を徴発し、これに反発した門徒が菅沼の砦におしかけ兵糧を奪い返した

②前年秋に松平の家臣で西尾城主酒井正親が、出没する悪徒を捕縛しようと追って本證寺の寺内町に入って捜索したことを住持空誓が不入権侵害だとして抗議した

などが有力とされる。『三河物語』には「漸シタル処に、永禄五年壬戌に野寺之寺内に徒者ゝ有ケルヲ、坂井雅楽之助押コみてケンダンシケレバ、永禄六年癸亥正月に、各々門徒衆寄合て、土呂・鍼崎・野寺、佐ゞ起に取コモリて、一揆ヲ起て御敵ト成、其時之義祢ヲスゝメテ御主トナサント云ケレバ、其に乗て頓て敵に成て、東祥之城え飛上て手ヲ出サせ給ふ、荒河殿モ初に御味方被成候時、家康之御妹婿に被成申て、此度ハ逆心之被成、義祢ト一所に成給ふ、其耳弄、桜井之松平監物殿モ荒河殿ト仰被合て、別心ヲ被成けり、上野にてハ坂井将監殿別心成、東三河者長沢・御油・赤坂ヲ切て、東ハ不被残駿河方成」とあり、②の根拠となっている。

今川勢力からの独立に反対する勢力が一向一揆を煽ったという見方もできそうで、前に東条城を攻略して蟄居させた吉良義昭が再起を図って再入城を果たして籠もったし、上野の酒井忠尚などはむしろ一揆に先立って家康と対立関係にあったことが、『武徳編年集成』

の「碧海郡上野ノ城主酒井将監忠尚ハ、御当家社稷ノ臣タル所ロ、甘心奸佞ニシテ密ニシ氏真ニ属シ病ト称シ出仕シズ、剰ヘ参州ノ一向宗ノ徒ヲ以テ、神君ニ叛カシメン調略ヲナス」という記述から窺える。

このように一族衆や家臣たちの多くが一揆方に加わったが、一方で城方についた一族衆や家臣たちも少なくなかった。『三河物語』は味方についた中に石河日向守（石川家成）・石河伯耆守（石川数正）の名を挙げているが、この石川一族は石川清兼の代では本證寺門徒筆頭を務めたが、その子である家成や孫になる数正などは浄土宗に改宗して城方に身を投じ、その他の多くの者は一揆方に身を投じたという。城方につくか一向宗に殉ずるか、数正にとってよほどの苦渋の選択になったのであろうか、二十数年後に突如として徳川家から出奔するという事件を起こすのだが、おそらく一向宗への回帰を果たしたのであろう。

家中を二分しての戦いは城方と一揆方の両者を疲弊させたが、最後は一揆方の厭戦気分が強まったのに乗じて一気に和睦という形で解決させてしまう。『三河物語』には「サラバトて石河日向守ヲ土呂の寺内え、高須之口寄、八町え引入ケレバ、一揆方之各々、慠騒供、早乱入ケレハ、不叶シテ我もくト手ヲ合ケレバ、御寛有て、方々え御先懸ヲス、然間、松平監物殿モ早降参にて御寛給えバ、其付て、荒河殿モ降参シ給え供、御無赦ケレバ上方え牢人被成て、河内之国にて御病死成、坂井将監殿モ上野ヲ明て駿河え落行給ふ、一のヲト名にて有ケレバ、上様歟将監殿歟ト云程之居勢ナレ供、御主に勝事弄シテ、其寄、将監殿筋ハ絶て跡カタモ無、然間、義締モナラせラレ給ハで、侘事被成て東祥之城ヲ折サせ給え供、御フチカタヲモ出サせ給ネバ、御身モ弄シテ上方え御牢人被成、浄體ヲ頼マせ給ひて御座候ツルガ、悪田河にて打死ヲ被成ケリ、其後、土呂・鍼崎・佐崎・野寺之寺内ヲ敗給ひて、一向宗に宗旨ヲカエヨト起請ヲ書せラレ給えバ、前々之ゴトクに被成て可被下ト、御起請之有由ヲ申ケレバ、前々ハ野原ナレバ、前々のゴトク野原にせヨト仰有て、打敗給えバ、ボウズ達ハ此方彼方え逃チリテ行、御敵ヲ申上、御赦之衆モ有、又、鳥井四郎左衛門尉・渡辺八郎三郎・波切孫七郎・渡辺源蔵・本田佐渡・同三弥、御国にハ非シテ、東え行衆モ有、西国え行衆モ有、北国え行衆モ有、大草の松平七郎殿ハ何方え行供シラズ、何れモ御敵申者供を扶置せラレ候御事、御慈悲成儀供トて、カンぜヌ人モ無」とある。

一揆終結の事後処理として、一揆の中心となった一向宗寺院を破却したのに加え、一揆に加担したというよりも扇動した東条の吉良義昭、八ツ面の荒川義広、最後まで抵抗し続けた上野の酒井忠尚などを三河から追放した。このようにして反対勢力を一掃したことで、松平家康は実質的な西三河の統一を成し遂げたのである。

よくよく注意しておきたいことがある。一向一揆を扇動した勢力のなかに、桜井之松平監物・上野之坂井将監殿の名があることである。かつて「廣忠ハ四方ニ五ツ六ツ之取出ヲトサレ給日而一國一城ニナラせ給得バ」ということがあったが、松平監物とはその時に廣忠を追い詰めた桜井松平氏の松平家次（信定の孫）であるし、坂井将監とは同じく廣忠を追い詰めた酒井忠尚である。廣忠が今川を後ろ盾にしていた頃から敵対し、家康が今川から独立して織田と同盟しても敵対したということである。

天文〜弘治〜永禄期の三河・尾張の国境の不安定の本質はそのようなところに起因するものであり、単純に今川勢力と織田勢力の競い合いという構図で説明されるべきものではないということを理解しておきたい。

一向一揆を鎮めた松平家康は、東三河平定にとりかかった。『三河物語』には「其寄シテ、東三河得御手ヲ懸サせ給日而、西之郡之城ヲ忍取に取せ給日而、鵜殿長勿ヲ打取、両人之子供ヲ生取給ふ。然間、竹千代様ヲバ駿河に置マイレセラレ而、御敵にナラセ給日ケレバ、竹千代様ヲ、今害死奉、後害死奉、今日ノ明日ノト罵レ供、関口刑部少輔殿ノ御孫ナレバ、サナガラ害死奉無事モ、然者石河伯耆守申ケルハ、イトケナキ若君御一人、御生害サセ申サバ、御供モ申者無シテ、人之見る目ニモスゴ〳〵トシテ御ベシ、然者、我等ガ参而、御最後之御供ヲ申サントテ、駿河得下ケルヲ、貴賤上下カンゼヌ者モ無、然處に鵜殿長勿子供に人質ガヘニセント申越ケレバ、上下萬民喜申事限無シヲ、サラバト云而カエサセ給ふ……」とある。

東三河の西郡城（愛知県蒲郡市）を攻めて鵜殿長照の二人の子供を生捕りして、これを石川数正が駿河へ遣いして駿府に残されて人質同然に暮らしている家康の子竹千代（後の信康）と交換したということである。松平勢が西郡城を攻めたのが永禄五年（一五六二）二月のこととされているので、本来ならば三河一向一揆の前のことである。

このように『三河物語』の記述が実際の時系列どおりに並んでいないという指摘はこの件だけにとどまらないことであり、私たちは常に注意を払って読む必要がある。

従来の説では、駿府に残されていたのは家康（正確にはこの時点では元康）の妻子、妻瀬名と家康と瀬名の間に生まれた竹千代・亀姫の三人とされてきたが、最近の説では妻瀬名と娘亀姫については早々に岡崎に送られており、駿府に残されていたのは竹千代一人であるという説が有力視されている。確かに『三河物語』のここの場面では妻瀬名と娘亀姫の記述はない。ここで疑問なのは、そもそも妻瀬名などは今川一門衆出身の姫なので、人質のような立場であっただろうかということである。最近の説のように、妻瀬名と娘亀姫は早々に岡崎に送り付けて、竹千代だけ駿府に留め置くぐらいが現実的なことのように思える。

従来の説では、瀬名の父関口親永が引責して氏真に切腹を申し付けられたとされていたが、最近ではその後かなりの時期に発給されたとみられる書簡が発見されたことにより、その従来説が否定的にみられているという。

ついでの話になるが、三河一向一揆から二十数年後に起こった事件について触れておきたい。それは、天正十三年（一五八五）十一月に岡崎城代だった石川数正が突如出奔し、羽柴方に寝返ってしまった事件である。

数正の出奔の理由について、当時の羽柴方と徳川方の軍事力を比較して羽柴方のが有利だと数正が判断したからであるとか、秀吉と家康の主君としての人格を比較して秀吉の方が魅力があると数正が判断したからであるとか諸説あるが、私はこの三河一向一揆の頃からずっと持ち続けていた想いを数正が一気に発散したからだと考える。

本能寺の変のあと、石山戦争で織田信長と敵対し続けてきた本願寺に対して、政権を継承した羽柴秀吉は融和的な政策へと転換させた。このことは、三河においても一向一揆以来一向宗寺院を破却して国外へ追放したままにしておく訳には済まない状況にさせたようである。三河一向宗は七ヶ寺の再興など家康と交渉にはいったが、なんらかの支障が生じたようで、本願寺からも何が支障になっているのか問い合わせるという事態になっていたようである。

石川数正が出奔したのは、そのような時期だったのである。

数正を迎え入れた秀吉は、直ちに越後の上杉景勝や信濃の真田正幸などに徳川討伐に向けた出陣を要請したりしているし、家康も三河の尾張国境線に防衛のための城の普請を家臣らに命じているから、軍事的緊張もあったようである。一方で、秀吉は家康を臣従させることを条件に、和睦に向けて手を打っており、天正十四年（一五八六）になると織田信雄が家康のもとに訪れ調停をはかったことが、『當代記』に「天正十四年丙戌正月廿七日、秀吉公家康公為入魂、信雄岡崎まで来臨、家康自濱松出向對面給、双方快然」とある。

この織田信雄と家康の面会については、『顕如上人貝塚御座所日記』の一月廿四日に「三州徳川御成敗ニ付而近日三川入、御自身御出馬アルヘキ由有之処、三介殿御自身三州へ御下向、種々ノ曖アリテ無事ニ可相調由其沙汰アリ、石川伯耆守ヨリモ其通申来」と、『當代記』とは日付が異なるものの記述がある。本願寺が羽柴と徳川の和睦の成り行きに関心を持っていたこと、それらの情報を石川数正が本願寺に報告しているということがわかる。数か月後には、家康が秀吉の妹を妻に迎え、さらに家康が上洛して秀吉に臣従を誓うというはこびになるのだが、その間に三河一向宗は再興するのである。

そこで、私は石川数正の出奔の理由として~かなり妄想が混じるが~以下のようなものを挙げたい。

・秀吉は石山戦争によって悪化した本願寺との関係を修復しようとして、その交渉役として石川数正を抜擢しようとした

・秀吉が家康に臣従を求めるべく圧力をかけることを数正は承諾して、その条件に三河一向宗の完全な復興を加えさせた

・ただし、秀吉が軍事行動に訴えて家康を滅ぼすようなことはしないとの約束をした

・秀吉は数正に和泉国内に知行を与え、数正は紀州鷺宮に退去していた本願寺の大坂天満移転を手伝うこととした

などである。この数正の胸に秘めた理由は、秀吉・顕如が知っていただけではなく、家康も知っていたのではないだろうか。

築山殿事件

徳川家康が正室築山殿と嫡男信康に死を与えるという事件があったのは天正七年（一五七九）のことである。なぜ家康が妻と子に死を与えねばならなかったのか、そこには織田信長による命令があったのか、徳川家康の意向によるものなのか、甲斐の武田氏との内通があったのかなかったのか……現代においても様々な説が飛び交う不可思議な事件となってしまっている。

おそらくその事件の発端になった出来事は、家康の筆頭家老といえる酒井忠次が織田信長に面会したことであると考えられる。『三河物語』には「丑之年、信康之御前様寄信康をさゝへさせ給ひて、十二ヶぢやうかき立被成而、坂井左衛門督にもたせ給ひて信長へつかわし給ふ、信長、左衛門督を引むけてまき物をひらき給ひ、一々に是ハいかゞと御たづね候へバ、左衛門督、中々存知申と申ければ、又是ハと被仰ければ、其儀も存知申と申ければ、信長、十ヶ所ひらき給ひ、一々に御尋有ければ、十ヶ所ながら存知申と申ければ、信長二ヶ所おバひらかせ給ハで、家之おとなが悉く存知申故ハうたがいなし、此分ならバとても物にハ成間敷候間、腹をきらせ給へと家康へ可被申と仰ければ」とある。同様のことが

『當代記』には「是信長之雖為婿、父家康公の命を常違背し、信長公をも被奉軽、被官以下に無情被行非道間如此、此旨を昨月酒井左衛門尉を以信長へ被得内證所、左様に父臣下に被見限ぬる上は不及是非、家康存分次第之由有返答」とある。

さすがにこの件を『信長公記』に同じ内容の記述を見出すことはできないが、「七月十六日、家康公より坂井左衛門尉御使として御馬被進之、奥平九八郎・坂井左衛門尉、両人も御馬進上也」とあるので、信長が普請していた安土城天守の竣工のお祝いとして酒井忠次が奥平信昌を伴って御馬を献上した七月十六日のことであろうと想像できる。

まず問題になっているのが、正室築山殿と嫡男信康に死を与えることについて、

・織田信長の命令があったのか

・徳川家康の意向によるものなのか

の議論である。史料から読み取るならば、『三河物語』では「此分ならバとても物にハ成間敷候間、腹をきらせ給へ」と信長が言っているので死を命じたことになるし、『當代記』では「不及是非、家康存分次第」と信長は答えているのであるから家康から意向を申し出ていることになるのだという。

二つの史料のうち『當代記』の記述は正確であるように思われる。深溝松平氏の松平家忠の日記である『家忠日記』には、八月三日「浜松より家康岡崎江御越候」、四日「御親子被候仰候て、信康大浜江御退候」、五日「岡崎江越候へハ、自家康早々弓てんはうの衆つれ候て、西尾江越候て、にしをへ越候、家康も西尾へ御移候、会下ニ陣取候」、さらに九日「被仰小姓衆五人信康大浜より遠州堀江城江御越候」、十日「各国衆信康江音信申間敷候と、御城きしやう文候」とあるが、これにほとんど整合がとれているからである。

ということは、『當代記』では信康が牢人したのは八月五日といっているから、信長が「不及是非、家康存分次第」と返答したのは安土城で酒井忠次と面会した七月十六日から八月五日までの間ということになる。ただし気をつけるべきは、『當代記』には「三郎主當座の事と心へ玉ふ」とあることから、信康は暫くしたら謹慎処分を解いてもらえると思っていたということである。

家康が織田家臣堀秀政に八月八日付で宛てた書状には「今度左衛門尉を以申上候処、種々御懇之儀、其段御取成故候、忝意存候、仍三郎不覚悟付而、去四日岡崎を追出申候、猶其趣小栗大六・成瀬藤八可申入候、恐々謹言」とある。これを、岡崎を退去させるという仮処分をしたので本処分を申し付けくださいという意味にとるのか、岡崎を退去して謹慎させたので許してやってくださいという意味にとるのかで解釈がかわる。

もうひとつの史料の『三河物語』の記述が間違っているともいえない。信康の身柄については八月十日に三河の大浜から遠江の堀江へ移されたが、さらに遠江の二俣城に移されて、九月十五日に切腹を果たしたとされる。その八月十日から九月十五日までの間に信長から「此分ならバとても物にハ成間敷候間、腹をきらせ給へ」という命令が届いたという可能性があるからである。

次に問題になっているのが、正室築山殿と嫡男信康に甲斐の武田氏との内通があったかであるが、

・内通の事実があった

・内通の噂があった

・内通の事実も噂もなかった

の議論である。『三河物語』には五徳（信康の御前、信長の娘）が十二ヶ条の讒言を手紙にして酒井忠次に持たせたとあるが、その内容が具体的に記述されている訳ではない。別の情報によるとそれは、岡崎の領民に亡国踊りが流行していること、それを信康が好んで領民

に混じって踊っていること、踊りの拙い者を弓矢で射殺したことなどから、獲物のなかった鷹狩りの帰途に出会った旅の僧侶を殺害したこと、それらの行状を諫言した家臣を殺そうとしたこと、さらには武田家と内通して織田・徳川両家を滅ぼそうと企図していることなどまで含まれていたという。

堀秀政宛書状で明らかなように、何か信康の不行跡を信長に申し立てるべく酒井忠次を信長のもとへ面会に行かせたのは家康自身であることは間違いなさそうなので、これを五徳が讒言の手紙を書いて酒井忠次に持たせたというのは誤りであろう。それを事実のように信じて浜松の徳川の家臣たちが五徳と酒井忠次を憎んだという『三河物語』の記述が間違っているとは言えない。

結局のところ、『三河物語』から読み取れることは、浜松の徳川の家臣たちすら事実を知らずに噂で翻弄されているということ、五徳が讒言の手紙を書いたと信じられているほど情報は錯綜しており、まして武田と内通があったかどうかなど確かな情報はなかったであろうということである。

一方の史料の『當代記』は、家康の信長への申し立てを「以信長へ被得内證所」といいながら、内容は「是信長之雖為婿、父家康公の命を常違背し、信長公をも被奉軽、被官以下に無情被行非道間如是」であるとしている。やはり武田との内通があったかどうかには触れていない。『當代記』の編者は奥平信昌の子である松平忠明であるといわれる（確証はないらしい）が、奥平信昌は酒井忠次について安土城へ馬を献上しに行っている当事者なので、もしかすると実情に詳しかったかも知れない。奥平氏はじめ山家三方衆は武田と徳川の境目の国衆であり、彼等こそ真っ先に武田との内通を疑われるべき存在であるはずで、もしかしたら安土城に伺候したのは自身の釈明のためだったかも知れない。奥平信昌は信康の妹亀姫を妻に迎えたばかりで、信長と家康の間にあって微妙な立場だったはずである。結局のところ、『當代記』から読み取れることは、「以信長へ被得内證所」というスタンスである以上、なにもないということである。

結論からいくと、正室築山殿と嫡男信康に死を与えることについて、織田信長の命令があったのか徳川家康の意向によるものなのかという問いについては、七月から八月にかけては『當代記』の「不及是非、家康存分次第」のとおりで、八月から九月にかけては『三河物語』の「此分ならバとても物にハ成間敷候間、腹をきらせ給へ」のとおりであろう。当初は家康の意思に任せるつもりだったが、途中で信長は家康に命令という形で信康の処分を求めたということである。

武田との内通があったたか、それは事実か噂かという問いについては、『三河物語』と『當代記』の二つの史料からは読み解きようがない。

『家忠日記』には、少し前の六月五日「家康浜松より信康御□□□の中なしをしニ御越候□□□時□□家康御屋敷へ□□□御渡し候て、ふかうそかへり候」とあるから、何か信康と五徳の夫婦間の問題があり仲裁のために家康が岡崎の信康に会いに来たという説があるが、これもせいぜい夫婦仲の問題であるから武田との内通とは関係がないのではないか。

問題は八月十日「各国衆信康江音信申間敷候と、御城きしやう文候」の部分である。国衆に信康と音信をとらないことを起請文にとったということは、武田との内通の噂があることを前提に実態を解明しようという意図があった可能性があるのである。岡崎への在番を免除するということが三河の国衆に対して度々行われてきたらしいが、これも武田との内通の噂があることへの対処だったかも知れない。

どうやら、武田との内通の噂はあったと見るべきであるようである。ただし、武田との内通の事実があったとまで断定してよいのであろうか、これに連座させられて処分された家臣がいないのである。

私は武田との内通の事実はなかったと考えている。長篠の戦いがあった天正三年（一五七五）から数年を経て、武田の勢力はそれなりに維持されているとはいえ、織田・徳川の脅威となり得るには程遠くなっていたと考えられる。三河岡崎の築山殿と信康の母子にとって、今さら内通したところで何の得になるような相手ではなかったはずである。仮に四年前の大賀弥四郎事件で接点があったとしても継続しているとは考えにくいし、それを蒸し返されて容疑をかけられたならば言い掛かりというものである。

武田としては長篠の戦いで大敗を喫して、徳川に対しては駿遠間で多少の戦いを継続しているものの、織田に対しては武力で対等に戦える状況ではないことを身に染みて知ってしまった。こういう時こそ、離間之計を考えつくものであろう。

一方の織田は離間之計に対する免疫力が著しく低下していたと考えられる。天正三年（一五七五）に水野信元を岩村城攻略戦の折に敵に兵糧を送るなどの内通をしたとの疑いで誅殺し、天正五年（一五七七）には信貴山城で松永久秀を爆死させ、天正六年（一五七八）には有岡城の荒木村重を包囲戦で壊滅させるなど、謀叛の疑いへの対応の失敗が続いたからである。

この事件の最中、徳川家康は甲斐の武田勝頼に対する包囲網を形成しようと動いている。九月五日に北条氏政と同盟を結んで武田勝頼を挟撃することを約束したのである。甲斐の武田氏と相模の北条氏はもともと同盟関係にあった。ところが、天正六年（一五七八）に越後の上杉謙信が急死して景勝と景虎の二人の養子が後継争いをする御館の乱が起きると、武田勝頼はこの戦いに介入して上杉景勝の勝利に加担したため、上杉氏に景虎を養子に差し出していた実家の北条氏はこれに激怒し武田氏との同盟関係を解消させていたところであった。

相模の北条氏政は、甲斐を目指して大軍を発し、十月二十五日に黄瀬川を隔てて三島に着陣した。甲斐の武田勝頼も駿河三枚橋に陣を築いて対陣した。

家康も駿河へ出撃して北条勢と対陣する武田勢の背後を脅かした。北条勢の軍事目的が、多分に威嚇行為に終始するものだったので、大きな戦闘には至らないまま収束したが、武田勢の疲弊という大きな戦果があった。

その後、武田と徳川の攻防の焦点は遠江の高天神城ということになる。武田が高天神城の後詰をするためには、敵となった相模に隣接する駿河を経由して先まで続く補給路を確保するために腐心するということになり、その負担が武田氏の体力を消耗させていき、ついには天正十年(一五八二)に武田氏は滅亡することになるのである。

少し余談になるが、家康と築山殿の間に生まれた亀姫を妻に迎えた奥平信昌は、家康との関係はその後も良好であったようである。亀姫にとって母である築山殿と兄である信康の二人の死に対して家康が真摯に向かい合う姿勢を見せて、それを亀姫が認めたということではないだろうか。『當代記』には、天正十五年(一五八七)「閏十一月十三日、碁打の本因坊新城に下、亭主九八郎信昌、此夏於京都為碁の弟子の間如此、則令同心駿河に被下、家康公圍碁を數寄給間、日夜有碁、翌春令帰京……」という興味深い記述がある。信昌が京都で本因坊に弟子入りをして懇意になって駿府へ招いたところ、家康が昼夜囲碁に没頭したというのである。

囲碁は戦国武将にとって実益を兼ねた娯楽だったようである。囲碁をとおして政治や合戦のための感覚を磨くことができたのであろう。

戦国大名では武田信玄の囲碁好きも有名で、信玄と高坂弾正の対局のものとして伝わる棋譜を、私は見たことがある。コリ形、サカレ形……かなりの力碁という印象であったが、これが戦国武将の政治や合戦の感覚につうじるのかなと思ってしまった。

囲碁は現代においても、もっと普及されるべき日本の文化のひとつだと思う。大河ドラマでは登場人物が囲碁を打つ場面を時折見かけるが、もっと積極的に盛り込んだらよい。日本の歴史を研究したり、ドラマや小説を書く人ならば、囲碁を嗜むことは重要なことだと思う。

私自身は囲碁アマチュアの、なんとか有段者を名乗れる程度の棋力を身につけた。もし第一部で展開した桶狭間の戦い・三方ヶ原の戦い・長篠の戦いについての論考が評価に値するものだとしたら、それは囲碁によって培われた思考力のお陰だと思う。

二　水野兄弟！（前）
～水野信元の境目の国衆としての生き様～

尾張の織田氏と三河の松平氏の間にあって、桶狭間の戦いに陰ながら深く関わって勝敗に大きく作用した存在に水野氏がある。水野忠政は天文十二年（一五四三）に世を去るが永禄から天正にかけて忠政の子たちの時代であった。

忠政が卒して水野家の後を継いだのは水野信元であった。信元の母は岡崎松平の娘であり、安祥松平の清康が岡崎松平の婿養子に迎えられる形で乗っ取るので、その妻となった女性と姉妹或いは同一人物かも知れない。信元の妻は桜井松平氏の松平信定の娘であり尾張の織田信秀の姪にあたるが、松平清康が尾張守山城攻めの在陣中に家臣に殺害される事件「守山崩れ」があった時には結婚していた或いは婚約があったといわれる。

信元の異母妹にあたるのが於大の方で、天文十年（一五四一）に岡崎の松平廣忠に嫁ぎ、翌年竹千代（後の徳川家康）を産んだ人物である。於大の母は於富で、水野忠政の死後に松平清康と再婚したといわれるが、この再婚に関しては岡崎松平の娘と混同があるのではないかと思われる。於大の方は天文十三年（一五四四）に離縁させられるが、その理由は忠政の死後信元が松平との友好関係を破棄して織田との同盟に政策転換したためとされるが、水野氏の親織田政策は「守山崩れ」の時には既にあったので間違いである。本当の理由は、駿河の今川氏が河東一乱を乗り切ると三河への勢力拡大を図り、これに松平廣忠が依存を強めたことであるとすべきであろう。

忠政の子は数多いがあと特筆すべきは於大の同母弟にあたる水野忠重であろう。戦国時代を乗り切った時代に水野氏を継承したのが忠重の嫡男勝成である。

水野信元の政治手腕～政略結婚の仲人オタク～

於大の方が岡崎の松平廣忠に嫁いだのが天文十年（一五四一）であるとすれば、廣忠が放浪の末に駿河の今川義元の後ろ盾を得て岡崎に帰参したのは少なくともそれ以前であったと考えられる。この時期に発生した河東一乱は、今川氏の三河への勢力拡大を目指す政策に大きな影響を与えた。そのような情勢の中、織田信秀・水野忠政の同盟勢力が松平廣忠に政略結婚を押し付けて、今川義元の三河への勢力拡大に対抗しようとしたと考えられる。信元は父忠政の政略を見て過ごしたのであろう、これと全く同じことを図ったようである。それは天文十三年（一五四四）に織田信秀が美濃に攻め込んで斎藤利政の軍勢に大敗を喫した加納口の戦いの直後である。

勝ちに乗じた斎藤利政は三河の水野氏・松平氏の共闘を呼び掛けた。水野氏重臣の安心軒・瓦礫軒に宛九月廿三日付で「厥以後無音、非本意存候、仍一昨日及合戦切崩、討取候頸注文、水十へ進之候、可有御伝語候、其方御様躰、雖無案内候、愚意令申候、此砌松次三被仰談、御家中被固尤候、是非共貴所御馳走簡要候、然者申談、近年織弾任存分候、遺趣自他可申顕候、岡崎之義、御不和不可然候、尚期来信候、恐々謹言」という書状が、さらに斎藤氏重臣から水野十郎左衛門宛にも同様の書状が発給されている。

ところが翌年になると事態が急変する。『信長公記』には「平手中務才覚にて、織田三郎信長を斎藤山城道三聟に取結、道三か息女尾州へ呼取候キ」とある。美濃からは堀田道空、尾張からは平手政秀が使者になって縁談をすすめたというのだが、加納口の戦いの勝敗を受けて主導権を握っているのは美濃の斎藤氏側であるから、尾張の織田の臣である平手政秀の才覚といっても限度がある。強力な第三者による斡旋が存在したと考えるべきであるが、斎藤から水野に宛てた書状の返答に、水野信元が斎藤氏と織田氏の縁談を斡旋しようという提案があったとすると合点がいくのである。

天文十八年（一五四九）に今川義元が軍を発して三河の安祥城を攻め落とした時、その余勢をかって刈谷城も攻め落としたと考えられる。今川氏真が松井八郎に永禄三年（一五六〇）十二月二日付で宛てた感状に、桶狭間の戦いで戦死した八郎の父松井宗信の戦功について「苅屋入城之砌、尾州衆出張、往覆通路取切之処、直馳入、其以後度々及一戦、同心・親類・被官随分之者数多討死粉骨之事」「然間苅屋在城之以後……」という記述があり、入城し在城したということだからである。

その刈谷城は天文二十年頃に今川氏から水野氏に返還されたと考えられる。天文二十年（一五五一）十二月と考えられる今川義元書状に「今度山口佐馬助、別可馳走之由祝着候、雖然織備懇望子細候之間、苅谷令赦免候、此上味方筋之無事異議山左申調候様、両人可令異見候、謹言」とあるからである。

駿河の今川勢による大規模な尾張知多郡への侵攻が天文十九年（一五五〇）にあった可能性があるらしく、『定光寺年代記』には「尾州錯乱、八月駿州義元五万騎にて智多郡へ出陣、同雪月帰陣」という記録があるのだが、『信長公記』には記述がないので風聞に過ぎない可能性もある。いずれにせよ、この時期の駿河から尾張への威圧はあったようで、これに対して織田方から朝廷に働きかけて後奈良天皇による駿河・尾張の和睦勧告が今川方に行われたらしい。その和睦の一環で刈谷城を赦免し水野氏に返還したということのようである。

それから間もなく織田信秀が病死、嫡男である信長が家督を相続するのであるが、尾張の支配は混乱を極めることになる。そこに水野氏がどのように関わったか考察するために、暫く『信長公記』の中の記述を抜粋して、それに注釈を加える形ですすめていきたい。

①織田信秀病死、信長は家督を継ぎ、末盛城を弟信勝に譲る

（九）備後守病死之事

一、備後守殿疫癘被成御悩、様々御祈祷、雖御療治候無御平愈終、三月三日御年四十二

と申ニ御遷化、生死無常の世の習、悲哉、颯々タル風来テハ而散シ万草之露ヲ、漫々タル雲色者陰ス満月ノ光ヲ、去て一院御建立、号ス万松寺ト、当寺の東堂桃厳と名付て銭施行をひかせられ、国中の僧衆集て生便敷御弔也、折節関東上下の会下僧達余多在之、僧衆三百人斗在之、三郎信長公、林・平手・青山・内藤、家老の衆御伴也、御舎弟勘十郎公、家臣柴田権六・佐久間大学・佐久間次右衛門・長谷川・山田以下御供也、信長御焼香に御出、其時信長公御仕立、長つかの大刀・わきさしを三五なわにてまかせられ、髪はちやせんに巻立、袴もめし候はて仏前へ御出有て、抹香をくはつと御つかみ候て、仏前へ投懸御帰、御舎弟勘十郎は折目高成肩衣・袴めし候て、有へき如くの御沙汰也、三郎信長公を例の大うつけよと執々評判候也、其中に筑紫の客僧一人、あれこそ国は持人よと申たる由也、

一、末盛の城勘十郎公へ参り、柴田権六・佐久間次右衛門、此外歴〳〵相添御譲也、

一、平手中務丞子息、一男五郎右衛門・二男監物・三男甚左衛門とて兄弟三人在之、総領の平手五郎右衛門能駿馬を所持候、三郎信長公御所望候処、にくふりを申、某ハ武者を仕候間、御免候へと申候て進上不申候、信長公御遺恨不浅、度々思食あたらせられ、主従不和と成也、三郎信長公ハ上総介信長と自官に任せられ候也、

一、去程に、平手中務丞、上総介信長公実目に無御座様躰をくやみ、守立て無験候へハ、存命候ても無詮事と申候て、腹を切相果候、

織田信秀の葬儀が萬松寺で行われた時、信長が髪は茶筅に巻き立て袴を着けずという異形の姿で、焼香のときに抹香を仏前に投げつけたという話は有名であるが、ここには信長の亡父に対する激しい怒りが現れているという。

信長は家督継承者という立場を与えられながらも名目に過ぎず、家督の大部分を弟の信勝に分割相続し直しされたということのようであり、葬儀の時点でそれが不可避の状況であることへの不満が葬儀の場での信長の奇行につながったのであろう。信長の参列に御供した家老衆が林・平手・青山・内藤らであるのと比較して、信勝の参列に御供した家老衆は柴田権六・佐久間大学・佐久間次右衛門・長谷川・山田以下であり、圧倒的に信勝の後ろ盾にまわった重臣の名が多い。信勝が居城とした末盛城についても、「去程に備後殿古渡の城被成破却、末盛と云所山城こしらへ御居城也」という城で、父信秀の居城をそのまま相続したということのようである。

このことについて『愛知県史（通史編3）』には「信長は織田弾正忠家一統の中で明らか

に孤立し、家督継承者としての地位を失いつつあったのである。その原因は対今川戦争継続への執着にあり、彼に対する「うつけ」（愚か者）との周囲の評価の真骨頂は、この点にあった」と述べられており、私もその説を支持したい。その対今川戦争継続への執着は、『信長公記』の「織田上総介信長公、十九の御年の事候、鳴海之城主山口左馬助・子息九郎二郎、廿年父子織田備後守殿被懸御目候処、御遷化候へは無程、企謀叛、駿河衆を引入、尾州之内へ乱入沙汰之限の次第也」に対して「織田上総介信長公、十九の御年人数八百計にて御発足、中根村をかけ通、小鳴海へ被移、三の山へ御あかり候」と行動を起こしたことなどに顕著に表れている。

②織田信長、尾張国聖徳寺にて斎藤道三と会見する

（十）山城道三と信長御参会之事

一、四月下旬の事候、斎藤山城道三、富田の寺内正徳寺まて可罷出候間、織田上総介殿も是まて御出候はゝ可為祝着候、対面有度の趣申越候、此子細は、此比、上総介を偏執候て、婿殿は大だわけにて候と、道三前にて口々に申候キ、さ様に人々申候時は、たわ

けにてはなく候よと山城連々申候キ、見参候て善悪を見候はん為と聞へ候、上総介公無御用捨被成御請、木曽川・飛弾川、大河舟渡し打越御出候、富田と申所は在家七百間在之、富貴の所也、大坂より代坊主を入置、美濃・尾張の判形を取候て免許の地也、斎藤山城道三存分には、実目に無人の由取沙汰候間、仰天させ候て笑はせ候はんとの巧にて、古老の者七・八百、折目高成肩衣・袴、衣装公道成仕立にて、正徳寺御堂の縁に並居させ、其まへを上総介御通候様に構て、先山城道三は町末の小家に忍居て、信長公の御出の様躰を見申候、其時信長の御仕立、髪はちやせんに遊し、もゑきの平打にてちやせんの髪を巻立、ゆかたひらの袖をはつし、のし付の大刀、わきさし二つなから、長つかにみごなわにてまかせ、ふとき苧なわうてぬきにさせられ、御腰のまはりには猿つかひの様に火燧袋・ひようたん七つ・八つ付させられ、虎革・豹革四つかはりの半袴をめし、御伴衆七・八百甍を並、健者先に走らかし、三間間中柄の朱やり五百本斗、弓・鉄炮五百挺もたせられ、寄宿の寺へ御着候て、屏風引廻シ、

一、御ぐし折曲に一世の始にゆわせられ、

一、何染被置候を知人なきかちんの長袴めし、

一、ちいさ刀、是も人に知らせす拵をかせられ候をさゝせられ、御出立を御家中の衆見

申候て、去ては此比たわけを態御作候よと、肝を消、各次第〳〵に斟酌仕候也、御堂へするする〳〵と御出有て、縁の御上り候処に、春日丹後・堀田道空さし向、はやく被成御出候と申候へとも、知らぬかほにて、諸侍居なかれたる前をする〳〵と御通り候て、縁の柱にもたれて御座候、暫候て、屏風を推のけて道三被出候、又是も知らぬかほにて御座候を、堀田道空さしより、是そ山城殿にて御座候と申時、であるかと被仰候て、敷居より内へ御入候て、道三に御礼ありて、其まゝ御座敷ニ御直り候也、去て道空御湯付を上申候、互に御盃まいり、道三に御対面、無残所御仕合也、附子をかみたる風情にて、又やかて可参会と申罷立候也、廿町斗御見送候、其時、美濃衆の鑓はみじかく、こなたの鑓は長く扣立候てまいり候を、道三見申候て、興をさましたる有様にて、有無を申さす罷帰候、途中あかなへと申所にて、猪子兵介、山城道三に申様は、何と見申候ても上総介はたはけにて候と申候時、道三申様に、されば無念成事候、山城か子共、たわけか門外に馬を可繫事案の内にて候と斗申候、自今已後道三か前にてたわけと云事申人無之、

織田信長が舅斎藤道三と美濃との国境に近い富田の聖徳寺で会見した話であるが、前述のように信長は家督継承者としての地位を失いつつあり、極めて孤立を深めていた時期で

あるので、この会見は美濃の斎藤氏が信長の後ろ盾であるということを確認するという極めて重要な意味を持っていたはずである。

信長が織田弾正忠家の中で孤立した原因が対今川戦争継続への執着であり、その孤立状態から脱却するために会見が仕組まれたとするならば、その会見を両者に働きかけたのは水野信元であると考えられる。尾張よりも東に位置し、より今川勢力の侵略を受けてきた水野氏にとってこそ、徹底抗戦主義の信長が家督継承を着実にすることの必要性があったからである。前述のように、信長と濃姫の婚姻のときにも美濃の斎藤氏に働きかけたと見られること、天文十八年~同二十年における刈谷城陥落~返還の経過と時期的な整合がとれることが考察の根拠に挙げられる。

この会見に臨む信長の姿にも特異性が見られる。ひとつは、「其時信長の御仕立、髪はちやせんに遊し、もゑきの平打にてちやせんの髪を巻立、ゆかたひらの袖をはつし、のし付の大刀、わきさし二つなから、長つかにみごなわにてまかせ、ふとき苧なわうてぬきにさせられ、御腰のまはりには猿つかひの様に火燧袋・ひようたん七つ・八つ付させられ、虎革・豹革四つかはりの半袴をめし」という服装である。若き信長の普段の生活について、

「其比の御形儀、明衣の袖をはつし、半袴、ひうち袋色々餘多付させられ、御髪ハはちやせんにくれなゐ糸・もゑき糸にて巻立ゆわせられ、大刀朱ざやをさゝせられ、悉朱武者に被仰付」である様子を「其比は世間公道成折節にて候間、大うつ気とより外に申さす候」というのであるが、その服装と同じであったというのである。

もうひとつは、「三間間中柄の朱やり五百本斗、弓・鉄炮五百挺もたせられ」という、信長が従者たちに持たせた武器である。槍の長さについては、これも若き信長の「其折節竹鑓にて扣合御覧し、兎角鑓はみしかく候ては悪候はんと被仰候て、三間柄三間々中柄なとにさせられ」という出来事と関連したものだと思われる。ただし、槍を三間から三間半の長槍に揃えることが実戦的かどうかは解らないし、実戦に取り入れたかどうか解らない。桶狭間の戦いで長槍の威力で敵を圧倒したという俗説があるようだが、その論拠となるような史料は見つかってはいない。

③村木砦を攻撃する

（十六）村木ノ取出被攻之事

一、去程に、駿河衆岡崎に在陣候て、鴨原の山岡構攻干乗取、岡崎より持つゝけ、是を根城にして小河之水野金吾構へ差向、村木と云所、駿河より丈夫に取出を相構、駿河衆楯籠候、並寺本之城も人質出し、駿河へ荷担仕、御敵に罷成、小河への通路取切候、為御後巻、織田上総介信長可為御発足之旨候、併、御敵清洲より定而御留守に那古野へ取懸、町を放火させ候てハ如何と思食、信長の御舅にて候斎藤山城道三かたへ、番手の人数を一勢乞に被遣候、道三かたより、正月十八日、那古野留守居として、安東伊賀守大将にて、人数千計、田宮・甲山・安斎・熊澤・物取新五、此等を相加、見及様躰、日々注進候へと申付、同事に正月廿日尾州へ着越候へき、居城那古野近所志賀・田幡両郷に陣取をかせられ、廿日に、陣取御見舞として信長御出、安東伊賀に一禮被仰、翌日御出陣候ハん之處、一長の林新五郎・其弟美作守兄弟不足を申立、林与力あくこの前田與十郎城へ罷退候、御家老の衆いかゝ御座候ハんと申候へとも、左候共不苦之由、上総介被仰候て御働、其日ハものかハと云御馬にめし、正月廿一日あつたに御泊、廿二日以外大風候、御渡海成間敷と水主舵取の者申上候、昔の渡邊・福島にて逆櫓争時の風も是程こそ候へらめ、於是非可有御渡海之間、舟を出し候へと、無理に廿里計の所只半時計に御

着岸、其日ハ野陣を懸させられ、直に小川へ御出、水野下野守に御参会候て、爰許様子能々きかせられ小川に御泊

一、正月廿四日払暁に出させられ、駿河衆楯籠候村木の城へ取懸攻させられ、北ハ節所手あき也、東大手、西搦手也、南ハ大堀霞計かめ腹にほり上、丈夫に構候、上総介信長、南のかた攻にくき所を御請取候て、御人数付られ、若武者共我不劣のほり、撞落されてハ又あかり、手負・死人不知其数、信長堀端に御座候て、鉄炮にて狭間三ツ御請取之由被仰、鉄炮取かへ〳〵放させられ、上総介殿御下知なさるゝ間、我も〳〵と攻上り、塀へ取付、つき崩し〳〵、西搦手之口ハ、織田孫三郎殿攻口、是又攻よる也、外丸一番に六鹿と云者乗入也、東大手の方ハ水野金吾攻口也、城中の者働事無比類働也、雖然、透をあらせす攻させられ、城内も手負・死人、次第〳〵に無人に成、様々降参申候、尤可被攻干事に候へとも、手負・死人塚を築、其上既及薄暮候之間、任佗言之旨ニ、水野金吾に被仰付、信長御小性衆歴々不知其員手負・死人、目も當られぬ有様也、辰刻に取寄、申の下刻迄攻させられ、御存分に落去候訖、御本陣へ御座候て、それも〳〵と御諚被成、感涙を流させられ候也、翌日ハ寺本の城へ御手遣、麓を放火し、是より那古野に至而御帰陣、

一、正月廿六日、安東伊賀守陣所へ信長御出候て、今度之御禮被仰、廿七日美濃衆帰陣、安藤伊賀守、今度之御禮之趣、難風渡海の様躰、村木攻られたる仕合、懇に道三に一々物語申候處に、山城申様に、すさましき男隣にハいや成人にて候よと申たる由也、

聖徳寺の会見は美濃の斎藤道三の後ろ盾としての存在感を信長に再確認させるものとして成功であっただろう。天正二十三年（一五五四）正月、信長は美濃に軍勢を借りて那古野の留守を任せると、自らは知多半島へと出陣した。駿河衆はこの頃水野領の三河重原からさらに侵入して知多郡村木に砦を築いていた。駿河衆というのは実質的には三河の松平勢のことで、現在の古戦場の案内板には城将として東条松平氏の松平義春が置かれたという説明がある。

松平氏は水野氏と多重に血縁で結ばれている関係なので、信元にとっては戦いたくない相手であっただろう。

やはり、水野信元が織田弾正忠家の家督継承を信勝ではなく信長にさせたかった理由について、理解できる出来事であると思われる。対今川勢力において、信勝がある程度の譲歩を受容した柔和な政策を志向していたのに対し、信長は尾張・三河国境の諸城の奪還を

含む徹底抗戦の政策を志向していたからであろう。

このことは、先の斎藤道三が信長との会見を終えて、「山城か子共、たわけか門外に馬を可繋事案の内にて候」と感想を漏らしたということにも通じるのであろう。信長の胸に秘められた今川勢力に対する徹底抗戦の決意が非凡なほど強いものであることを感じ取ったのであり、それこそ道三が婿たる若者に求めていた気質だったのであろう。

④織田信光、尾張守護代・小守護代から清須城を奪い、織田信長に譲る

（十七）織田喜六郎殿事御生害

一、清洲の城守護代織田彦五郎殿とて在之、領在の坂井大膳は小守護代也、坂井甚介・河尻左馬丞・織田三位、歴々討死候て、大膳一人しては難抱の間、此上は織田孫三郎殿を憑入の間、力を御添候て、彦五郎殿と孫三郎殿両守護代に御成候へと懇望被申候処、坂井大膳好の如くとて、表裏有間敷の旨、七枚起請を大膳かたへつかはし、相調候て、

一、四月十九日、守山の織田孫三郎殿清洲の城南矢蔵へ御移、表向は如此にて、ないしんは信長と被仰談、清洲宥取可被進の間、尾州下郡四郡の内に於多井川とて、大かたは

此川を限ての事也、孫三郎殿へ渡しまいらせられ候へと御約諾の抜公事也、此孫三郎殿ト申は信長の伯父にて候、川西・川東と云は、尾張半国の内下郡二郡二郡つゝとの約束にて候也、

一、四月廿日、坂井大膳御礼に南やくらへ御礼にまいり候て、可被成御生害と、人数を伏置被相待の処、城中迄参り、冷しきけしきをみて、風をくり逃去候て、直に駿河へ罷越、今川義元を憑み在国也、守護代織田彦五郎殿を推寄腹をきらせ、清洲の城乗取、上総介信長へ渡し被進、孫三郎殿は那古野の城へ御移、

其年の霜月廿六日、不慮の仕合出来して孫三郎殿御遷化、忽誓紙の御罰、天道恐哉ト申ならし候キ、併、上総介殿御果報の故也、

織田孫三郎信光は織田信長にとって叔父にあたるが、血のつながりだけならば信長の弟信勝にとっても同じ叔父である。それでも織田弾正忠家の信長・信勝の兄弟間の跡目争いに、はっきりと信長を支援する立場をとった唯一の親族であったであろう。

かつて、信光の守山城を三河の松平清康が攻撃して、その在陣中に清康が家臣に殺害される事件「守山崩れ」があった。信光が清洲城を乗っ取った天文二十四年（一五五五）から

遡ること二十年の天文四年（一五三五）のことであるが、その頃に織田信光と水野信元には相婿の約束があったという。両者ともが、桜井松平氏の娘を妻に迎えていたか妻に迎える約束があったということである。

織田信光にとって信長を支援する理由は、桜井松平氏の立場や水野信元の要求に通じるものがあったはずである。つまり、信長と信勝の兄弟のうち、どちらが今川勢力に対する徹底抗戦の決意をもってくれているかという問題だったのであろう。

⑤桶狭間の戦い

（廿三）鳴海之城へ御取出之事

御国之内へ義元引請けられ候之間、大事と御胸中に籠り候と聞へ申候也、

一、鳴海の城、南ハ黒末の川とて入海、塩の差引城下迄在之、東へ谷合打続、西又深田也、北より東へハ山つゞき也、城より廿町隔て、たんけと云古屋しき有、是を御取出ニかまへられ、

水野帯刀・山口ゑびの丞・柘植玄番頭・真木与十郎・真木宗十郎・伴十左衛門尉、

東に善照寺とて古跡在之、御要害候て、佐久間右衛門・舎弟左京助をかせられ、南中島とて小村有、御取出に被成、梶川平左衛門をかせられ、
一、黒末入海の向に、なるみ・大だか、間を取切、御取出二ヶ所被仰付、
一、丸根山にハ佐久間大学をかせられ、
一、鷲津山にハ織田玄番・飯尾近江守父子入れをかせられ候キ、

（廿四）今川義元討死之事

天文廿一年壬子五月十七日、
一、今川義元沓懸へ参陣、十八日夜ニ入、大高之城へ兵粮入、無助様に、十九日朝塩乃満干を勘かへ、取出を可払之旨必定と相聞之候之由、十八日夕日に及て佐久間大学・織田玄番かたより御注進申上候処、其夜の御はなし、軍の行ハ努々無之、色々世間の御雑談迄にて、既及深更之間帰宅候へと御暇下被、家老之衆申様、運之末にハ智慧の鏡も曇とハ此節也と、各嘲弄候て被罷帰候、如案夜明かたに、佐久間大学・織田玄番かたより早鷲津山・丸根山へ人数取りかけ候由、追々御注進在之、此時、信長敦盛の舞を遊し候、人間五十年、下天の内をくらふれハ、夢幻の如く也、一度生を得て滅せぬ者の有へきか、と候て、螺ふけ、具足よこせよと被仰、御物具めされ、たちなから御食をまいり、御甲

をめし候て御出陣被成、其時の御伴にハ御小姓衆、

岩室長門守・長谷川橋介・佐脇藤八・山口飛弾守・賀藤彌三郎、是等主従六騎、あつた迄三里一時にかけさせられ、辰剋に源太夫殿宮のまへより東を御覧し候へハ、鷲津・丸根落去と覚しくて煙上り候、此時馬上六騎・雑兵弐百計也、浜手より御出候へハ、程近く候へとも塩満さし入、御馬の通ひ是なく、熱田よりかミ道を、もミにもんて懸けさせられ、先たんけの御取出へ御出候て、夫より善照寺佐久間居陣の取出へ御出有て、御人数立られ、勢衆揃へさせられ、様躰御覧し、御敵今川義元ハ四万五千引率し、おけはさま山に人馬の休息在之、

天文廿一壬子五月十九日、午剋戌亥に向て人数を備、鷲津・丸根攻落、満足不可過之由候て、謡を三番うたハせられたる由候、今度家康ハ朱武者にて先懸をさせられ、大高へ兵粮入、鷲津・丸根にて手を砕、御辛労なされたるに依て、人馬の休息、大高に居陣也、

信長善照寺へ御出を見申、佐々隼人正・千秋四郎二首、人数三百計にて義元へ向て足軽に罷出て候へハ、瞳とかゝり来て、鑓下にて千秋四郎・佐々隼人正初めとして五十騎計討死候、是を見て、義元か戈先にハ天魔鬼神も不可忍、心地ハよしと悦て、緩々として

謡をうたハせ陣を居られ候、
信長御覧して、中島へ御移り候ハんと候つるを、脇ハ深田の足入、一騎打の道也、無勢之様躰敵方よりさたかに相見候、無御勿躰之由、家老之衆御馬之轡之引手に取付候て、声々に申され候へとも、ふり切て中島へ御移り候、此時二千に不足御人数之由申候、中島より又御人数被出候、今度者無理にすかり付、止申され候へとも、爰にての御諚にハ、各よく〱承り候へ、あの武者、宵に兵粮つかひて夜もすから来り、大高へ兵粮入、鷲津・丸根にて手を砕、辛労してつかれたる武者也、こなたハ新手也、其上莫小軍ニシテ怖ルコト大敵、運ハ在於天、此語ハ不知哉、懸らはひけ、しりそか者可引付、於是非稠倒し、可追崩事案之内也、不可為分捕、可為打捨、軍に勝ちぬれ者此場へ乗たる者ハ家之面目、末代の高名可為、只励へしと御諚之処に、
　前田又左衛門・毛利河内・毛利十郎・木下雅楽助・中川金右衛門・佐久間彌太郎・森小介・安食彌太郎・魚住隼人、
右之衆手々に頸を取持被之参候、右之趣一々被仰聞、山際迄御人数被寄候之処、俄急雨石氷を投打様に、敵の輔に打付る、身方ハ後の方に降かゝる、沓懸ノ到下の松之本に、二かい・三かゐの楠の木、雨に東へ降倒るゝ、余りの事に熱田大明神の神軍かと申候也、空

晴るを御覧し、信長鑓をおつ取て大音声を上けて、すハかゝれ〳〵と被仰、黒煙立て懸るを見て、水をまくるが如く後へくはつと崩れたり、弓・鑓・鉄炮・のほり・さし物、算を乱すに異ならす、
今川義元の塗輿も捨てくつれ逃けり、
　天文廿一年壬子五月十九日、
旗本ハ是也、是へ懸れと御下知有、未剋東へ向てかゝり給ふ、初ハ三百騎計真丸になつて、義元を囲ミ退けるか、二三度、四五度帰し合〳〵、次第々々に無人に成て、後にハ五十騎計に成たる也、
信長も下立て、若武者共に先を争ひ、つき伏せ、つき倒ほし、いらつたる若もの共、乱れかゝつてしのきをけつり、鍔をわり、火花をちらし火焔をふらす、雖然敵身方の武者、色ハ相まきれす、爰にて御馬廻・御小姓衆歴々手負・死人不知員、服部小平太、義元にかゝりあひ、膝の口きられ倒伏、毛利新介、義元を伏臥頸をとる、是偏に先年於清洲之城、
武衛様を悉攻殺候之時、御舎弟を一人生捕り、助け被申候、其冥加忽来て、義元の頸をとり給ふと人々風聞候也、運之尽きたる験にや、おけはさまと云ふ所ハ、はさまくてミ、

深田足入、高ミひきミ茂り、節所と云事限なし、深田へ逃入者ハ所をさらすはいつりまハるを、若者とも追付〳〵二つ三つ宛手々に頸をとり持、御前へ参り候、頸ハ何れも清須にて御実検と被仰出、よしもとの頸を御覧し、御満足不斜、もと御出候道を御帰陣候也、

一、山口左馬助・同九郎次郎父子ニ、信長公の御父織田備後守累年被懸御目鳴海在城、不慮に御遷化候へハ、無程御厚恩を忘れ、信長公へ敵対を含、今川義元へ為忠節居城鳴海へ引入、智多郡属御手、其上愛智郡へ推入、笠寺と云所要害を構、岡部五郎兵衛・かつら山・浅井小四郎・飯尾豊前・三浦左馬助在城、鳴海には子息九郎二郎入置、笠寺之並中村之郷取出に構、山口左馬助居陣也、如此重々忠節申之処に、駿河へ左馬助・九郎二郎両人を召寄御褒美者聊無之、無情無下〳〵と生害させられ候、世者雖及于澆季、日月未堕于地、

今川義元、山口左馬助か在所へきたり、鳴海にて四万五千の大軍を靡かし、それも不立御用、千か一の信長纔及二千人数に被扣立、逃死に相果られ、浅猿敷仕合、因果歴然、善悪二つの道理、天道恐敷候し也、

山田新右衛門と云ふ者、本国駿河之者也、義元別而被懸御目候、討死之由承候て、馬

を乗帰し討死、寔命者軽依于義云事、此節也、
二俣の城主松井五八郎、松井一門・一党弐百人枕を並て討死也、爰ニ而歴々其数討死候
也、
爰に河内二の江の坊主、うぐゐらの服部左京助、義元へ手合として、武者舟千艘計、海
上は蛛の子をちらすか如く、大高の下、黒末川口迄乗入候へとも、別の働なく乗帰し、も
どりさまに熱田の湊へ舟を寄、遠浅の所より下立て、町口へ火を懸け候ハんと仕候を、町
人共よせ付て噇と懸出、数十人討取候間、無曲川内へ引取候キ、
上総介信長ハ、御馬の先に今川義元の頸をもたせられ、御急きなさるゝ程に、日の内に
清洲へ御出有て、翌日頸御実検候し也、頸数三千余あり、然処義元のさゝれたる鞭・ゆ
かけ持ちたる同朋、下方九郎左衛門と申者、生捕に仕進上候、近比名誉仕候由候て、御
褒美、御機嫌不斜、
義元前後の始末申上、頸とも一々誰々と見知申名字を書付させられ、彼同朋にハのし付
之大刀・わきさし被下、其上十人之僧衆を御仕立候て、義元之頸同朋に相添、駿河へ送
被遣候也、清洲より廿町南須賀口、熱田へまいり候海道に、義元塚とて築せられ、弔の
為にとて千部経をよませ、大卒都婆を立置候らひし、今度討捕に、義元不断さゝれたる

秘蔵之名誉の左文字の刀めし上られ、何ヶ度もきらせられ、信長不断さゝせられ候也、御手柄無申計次第なり、
去て鳴海の城に岡部五郎兵衛楯籠候、降参申候間、一命助被遣、大高城・沓懸城・池鯉鮒之城・鴫原之城、五ヶ所同事退散也、

桶狭間の戦いにおける水野勢の関わりについてであるが、水野信元の甥にあたる水野勝成が寛永十八年に幕府に提出した『水野勝成覚書』に「権現様ハするか方、水野下野守ハ信長様方」と記述しており、織田方として参戦していたことが解るのであるが、信元本人の動向については全く知られていない。しかし、水野の家臣たちが個々に織田軍に組み込まれて或いは信元の命を受けて参戦している状況が散見できる。

その最も顕著な例が梶川平左衛門で、「南中島とて小村有、御取出に被成、梶川平左衛門をかせられ」とその名がみえる。「水野金吾内に無隠勇士梶川平左衛門とて在之」と後に説明のある人物であるから信元の父忠政の代から水野の家臣であったのだが、鳴海城を取り巻く付城のひとつである中島砦の主将を任されていたのである。中島砦は尾張・三河国境における最前線にあり守備よりは攻撃に特化した砦であった様子が窺える。

桶狭間の戦いにおける俗説のひとつに「正面攻撃説」があり、織田軍は中島砦を出て東に進み、東向きに戦ったという解釈がなされているが、これは重大な見当違いというものである。中島砦を出て南に進み、迂回路をとるうちに方向をかえ、東向きに戦ったというのが正しい。これにより「正面攻撃説」は誤解で「迂回奇襲説」が正解という結論になるのであるが、そのような誤解を生むほどに中島砦は常識的には考えられないような攻撃に特化した機能を備えた砦だった……そのような砦を構築したのが梶川平左衛門だったのであろう。

水野太郎作正重の活躍についても見逃すことができない。『武徳編年集成』には「水野太郎作清久、一番高名を遂る」とある。桶狭間の今川本陣への突入で一番高名を遂げたというのである。桶狭間の戦いから小牧・長久手の戦いまでの期間を通して、水野氏の家臣にあって最も武勇談の多い武将であろう。

桶狭間の戦いで活躍した水野の家臣で最も有名なのは、『三河物語』に「小河寄、水野四郎左衛門尉殿方カラ、浅井六之助ヲ使にコサセラレテ、其元御ユダント見得タリ、義元社打死ナレバ、明日ハ信長其元得押寄可被成、今夜之内に御シタク有而、早々引ノケさせ給得、然者我等参而、案内者可申由ヲ、申被越候得バ、六之助、主之使に来り而申ケルハ、我等に御案内者申而、早々御供申せ、信長押寄給ハゞ、御六ヶ敷候ハント、四郎右衛門申被越候間、我等に三百貫被下給得、御供申サントテ、知形ヲネギリテ御案内者ヲ申ケリ」とある浅井六之助道忠であろう。別の史料には、浅井六之助が夜陰に紛れて松平勢を案内して岡崎へ撤退する途中で敵と遭遇し、六之助の機転で切り抜けたとある。桶狭間の戦いの勝敗の決着のあと、昼夜を通して掃討戦を主に行ったのは織田勢ではなく水野勢だったのである。

桶狭間の戦いにおいて今川軍と戦ったのは、単に織田勢だったという訳ではなく、水野勢がかなり加わっていたということである。

桶狭間の戦いのあった日付について、『信長公記』には天文廿一壬子五月十九日とあるが、本来ならば永禄三年（一五六〇）なのだが、なぜこのような間違いがあったのか考察する必要がある。それは太田牛一が単に日付を書き間違えたということだけではなく、後述する⑦信長が弟を殺害した事件や⑧斎藤道三が敗死した事件との時系列における前後関係を思い違いをしていた可能性が高いからである。

信長が弟を殺害することによって、父信秀の死後、弟信勝についていた家老衆は、信長の家臣団に再編されたはずであるが、その家老衆が桶狭間の戦いでほとんど活躍しなかったという印象を太田牛一が持ったということなのである。『信長公記』に「其夜の御はなし、軍の行ハ努々無之、色々世間の御雑談迄にて、既及深更之間帰宅候へと御暇被下、家老之衆申様、運之末にハ智慧の鏡も曇とハ此節也と、各嘲弄候て被罷帰候」とあるように、合戦の前夜の清洲城では全く軍議らしきことが行われなかったというのだ。信長の家老衆が非協力的だったからなのであろう。その家老衆が城から退出するときに嘲弄したというのであるから、織田家が存続しようが滅亡しようが構わないという態度だったということである。

信長が善照寺砦から中島砦に移動しようとした時に、『甫庵信長記』には「角テ信長卿ハ中島へ移ラせ給ントシ給フニ林佐渡守・池田勝三郎・毛利新介・柴田権六御轡ニ取付……」とあるが、家老衆の名前が列挙されている部分は小瀬甫庵の創作であろう。『信長公記』には「家老之衆御馬之轡之引手に取付候て……」と具体的に家老衆の名前がないのは、その重要な局面の現場に揃うべき家老衆の顔が揃っていなかったからであろう。

織田の家中において今川勢力の西進に対して、ある程度の譲歩を受容した柔和な政策の支持が多勢を占め、尾張・三河国境の諸城の奪還を含む徹底抗戦の政策の支持は少勢にとどまっていたということである。

斎藤道三の敗死によって、美濃は信長に敵対する勢力になるのだが、その事件との時系列の前後関係を間違えたということは、今川軍の来襲に備えるにあたり背後の美濃から挟撃される心配の必要がないという印象を太田牛一が持ったということである。そのことは、今川義元の西進作戦が中長期的には上洛を目指していると、美濃の斎藤氏や近江の六角氏などが認識していたということを意味している。今川勢力が尾張を併呑したならば、その次は美濃へ近江へと勢力を拡大してくることは容易に予測でき、その危機感があって織田氏には今川勢力の西進を喰い止める砦になってもらうことを期待したのである。この機に織田氏の背後を脅かそうと思えば容易に出来たはずなのにそれをしなかったのである。

これに対し非上洛説も根強く、その根拠のひとつに、義元が駿河を出陣する直前の四月十二日付で水野十郎左衛門尉宛に発した「夏中可令進発候条、其以前尾州境取出之儀申付、人数差遣候、然者其表之事、弥馳走可為祝着候、尚朝比奈備中守可申候、恐々謹言」という書状を挙げる研究者がいる。文面どおり「尾州境取出之儀」といっているのだから、尾張と三河の国境付近である鳴海・大高両城とそれを取り巻く付城に係る紛争が焦点であるに違いないという単純な解釈であるが、書状を宛てた相手が尾張・三河国境の国衆である水野氏なのだから、方便であると考えるべきではないだろうか。

なお、この書状から読み取れることは、尾張・三河国境の鳴海・大高両城のうち大高方面には副将格の朝比奈備中守を差し向けるということであるから、義元本人はおそらく鳴海城を目指すのだろうということである。桶狭間の戦い当日における今川本陣の動きについて、沓掛城を出発して大高城を目指したと解釈する研究者が多いのだが、この書状からはそのような解釈は導き出せない。

補足であるが、『甫庵信長記』にある「角テ信長卿ハ中島へ移ラせ給ントシ給フニ林佐渡守・池田勝三郎・毛利新介・柴田権六御轡ニ取付……」の部分が創作であろうと論じたが、私は決して『甫庵信長記』の記述の大半が創作であるとは思っていないし、桶狭間の戦いのなかの「敵勢ノ後ノ山ニ至テ推マハス……」の記述は史実性が高いと思っている。小瀬甫庵は『甫庵信長記』を著すにあたり「左府の士に太田和泉守牛一と云う人あり。尾陽春日の郡の人なり。近世至治に帰する其の功、後代に伝へん事を欲して粗記し行くまゝに、漸く重累して数帙成んぬ。誠に其の士の取捨、功の是非を論ずるに、朴にして約なり。上世の史とも云つべし」と『信長公記』を意識したことをいい、「しかはあれど仕途に奔走して閑暇なき身なれば漏脱なきに非ず。予是を本として、且は公の善、尽く備はらざる事を歎き、且は功あつて洩れぬる人、其の遺憾いかばかりぞやと思ふまゝに、且々拾ひ求め之を重撰す」と内容に改編を加えたことを明かしている。その結果、『三河物語』のなかで「信長キヲ見ルニイツワリ多シ、三ヶ一者有事成、三ヶ一者似タル事モ有、三ヶ一者無跡事成」と創作が含まれていると評されているが、「信長記作タル者、我々ガヒヰキノ者ヲ我ガ智恵之有儘に能作タルト見得タリ」という改編の傾向も指摘されている。『甫庵信長記』の全てを創作だと決めつけるのではなく、傾向を踏まえてどの部分が史実に即してどの部分が創作なのか見極めながら読み進めるべきと考える。

⑥松平元康、岡崎に帰還する

(廿五) 家康公岡崎の御城へ御引取之事

一、家康ハ岡崎之城へ楯籠候居城也、

一、翌年四月上旬、三州梅か坪の城へ御手遣、推詰、麦苗薙せられ、然而究竟の射手共

罷出、きひしく相支、足軽合戦候て、

前野長兵衛討死候、爰にて平井久右衛門よき矢を仕、城中より褒美いたし、矢を送り、信長も御感なされ、豹の皮の大うつぼ芦毛御馬被下、面目至也、野陣を懸けさせられ、是より高橋郡御働、端々放火し推詰、麦苗薙せられ、爰にても矢軍有、加治屋村焼払、野陣を懸られ、翌日いぼの城是又御手遣、麦苗薙せられ、直に矢久佐の城へ御手遣、麦苗薙せられ御帰陣、

織田勢の三河加茂郡梅坪への進攻は、桶狭間の戦いの翌年四月ということである。実際に桶狭間の戦いがあったのは永禄三年（一五六〇）であるが、前述のとおり『信長公記』の著者太田牛一は天文二十一年（一五五二）と記憶違いをしているようであるが、あくまで桶狭間の戦いの翌年という相対的なとらえ方では正しく認識していたと信じたい。

この記憶違いが織田の家中の事情に起因するものと考えるならば、桶狭間の戦いでは柴田勝家・佐久間信盛といった旧信勝派の家臣たちはまだ信長に完全に服属している状態とはいえないということなので、この梅坪に攻め込んだ件も信長の意向によるものではなく旧信勝派の家臣たちが勝手に動き出したということなのであろう。

織田勢が加茂郡梅坪へ進攻するよりも以前に、松平勢が早々に三河加茂郡に軍勢を進め広瀬・拳母・寺部・梅坪などの城を攻めたようである。桶狭間の敗戦をうけて、岡崎城代として詰めていた駿河衆や、三河加茂郡の諸城の今川勢の多くは本国へ退却していたが、なかには退却せずにそれら諸城に残っていた軍勢もいたのであろう。桶狭間の戦い以前から今川勢力に反抗的だった独立勢力は、ここぞとばかりに今川勢力の残党を駆逐しにかかったのであろう。松平勢は今川勢力の残党を援助するという大義名分で諸城を攻めて、攻め落とした城に居座ったということであろう。

織田勢の三河加茂郡進攻は永禄四年(一五六一)四月上旬で、松平勢の加茂郡進出はその前年の秋頃であろうから、半年ばかり遅れをとってしまったようである。織田勢と松平勢が交戦したというのが従来からの通説であったが、最近は松平勢と織田勢が協力して今川勢力の残党を駆逐したという異説を唱える研究者もいるようである。『三河物語』に「其後信長ト御ハダン被成シ寄ハ、此城々得御働きハ無、但西尾之城ト東祥之城ハ駿河方ナレバ説節之御働き成」とあることから、やはり織田勢と松平勢は戦っていて、和談が成立したから戦いをやめたと解釈すべきと、私は考える。

はじめは今川勢力の残党を支援するという姿勢で諸城を攻めていた松平勢が、明らかに今川勢力の残党を駆逐する姿勢に転じたのは、おそらく永禄四年（一五六一）に入ってからであろう。今川氏真が四月頃に奥平道紋入道・監物丞父子などに宛てた感状などから、その時期が推測できる。

それから間もなく、織田勢が三河加茂郡に進攻して松平勢と戦いだしたのであるから、今川から離反しつつある松平を再び今川陣営に引き戻せるという期待を今川氏真に持たせたようで、氏真を代弁して北条氏康が五月朔日付けで水野信元に宛て「久不能音問候、抑近年対駿州被企逆意ノ由、誠以歎敷次第候、就之自駿府当方へ出陣ノ儀承候間、氏康自身出馬無拠歟、□州閣急敵、於三州弓矢無所詮候、去年来候筋目駿・三和談念願、就中三亜相如御物ハ、就彼調被成下京都御下知、当国へモ被ヽ書由、各御面目到候哉、松平方へ有意見、早々落着候様、偏ニ其方可有御馳走候、委細口上申含候間、令省略候、恐々謹言」と、松平と今川の和睦に協力するよう書状を、さらに松平重臣の酒井忠次にも同様の書状を送っている。

書状の文面にあるとおり幕府にも働きかけた様子が窺え、翌年に将軍足利義輝から今川氏真に宛て「就当国与岡崎鉾楯之儀、関東之通路不合期之条、不可然候、閣是非早速令和睦者、可為神妙候、委細三条大納言并文次軒可演説候、猶信孝可申候也、穴賢　正月廿日」という御内書が、さらに北条氏康・武田信玄にも同様の御内書が送られている。

ところで、北条氏康書状にある「去年来候筋目」が議論を呼んでいて、松平の今川からの離反は永禄四年（一五六一）から見て去年来なのだから桶狭間の戦いの直後のことではないかと主張する研究者がいる。私はそうは考えない、という理由は、「去年来候筋目」というのは、永禄三年（一五六〇）七月頃に、松平勢が水野勢と交戦したことを指しており、松平が今川から離反して戦いはじめたことを指している訳ではないと考えるからである。

織田と松平の間にこの頃結ばれ、天正十年（一五八二）に信長が本能寺の変で斃死するまで続いたとされる同盟は「清洲同盟」とも呼ばれる。その同盟のために松平元康が尾張の清洲城に赴いた会見は、織田信長から松平元康に申し入れる形で水野信元が斡旋したという。『東照宮御實記』には「水野信元が織田家に申すゝむるにより、尾張より瀧川左近将監一益もて、石川與七郎和正が許に和議の事いひ送りしかは、老臣等めして此事いかゞせむと講せらる。酒井忠次云く、當家只今の微勢もて織田今川両家の間に自立せむ事かたし……」とある。

この会見は永禄五年（一五六二）一月十五日とされるが、一方で、後世の創作であり実際にはなかったという説がある。私は会見は史実であると信じているのだが、『東照宮御實記』のいうような、織田側から松平側に申し入れたというのは不自然だし、水野信元にしても元康を清洲城に行かせるような斡旋は気が引けたであろう。可能性としては松平側から織田側に申し入れたのではないかと考えるが、その理由は、織田勢が三河加茂郡に進攻したのを直訴談判してやめさせるという、松平側にしか会見する目的が考えられないからである。織田と松平の対等の関係での同盟と引き換えに、織田勢が三河加茂郡を占領するのを認めさせられるという、松平にとっては不本意な結果になってしまったのであろう。

⑦織田信長、弟信勝を殺害する

一、上総介信長公の御舎弟勘十郎殿、龍泉寺を城に被成御拵候、上郡岩倉の織田伊勢守と被仰合、信長の御台所入篠木三郷能知行にて候、是を押領候はんとの御巧にて候、勘十郎殿御若衆に津々木蔵人とて在之、御家中の覚の侍共は、皆津々木に被付候、勝に乗て奢、柴田権六を蔑如に持扱候、柴田無念ニ存、上総介殿へ又御謀叛思食立の由被申上候、是より信長作病を御構候て、一切面へ無御出、御兄弟の儀候間、勘十郎殿御見舞可然と、御袋様并柴田権六異見申に付て、清洲へ御見舞に御出、清洲北矢蔵天主次の間にて、

弘治四年戊午霜月二日、

河尻・青貝に被仰付、御生害なされ候、此忠節仕候に付て、後に越前大国を柴田に被仰付候、

⑧斎藤道三、敗死

（廿九）土岐頼藝公之事

一、斎藤山城道三ハ元来山城國西岡の松波と云者也、一年下國候て、美濃國長井藤左衛門を憑み、扶持を請、余力をも付られ候、折節、無情主の頸を切、長井新九郎と名乗、一族同名共發野心、取合半之刻、土岐頼藝公大桑に御在城候を、長井新九郎奉憑候之処、無別条御荷担候、其故を以て達存分、其後土岐殿御子息次郎殿・八郎殿とて御兄弟在之、忝

も次郎殿を聟に取、宥申、毒飼を仕奉殺、其娘を又御席直しにをかせられ候へと、無理に進上申候、主者稲葉山に居申、土岐次郎殿をは山下に置申、五・三日一度ツヽ参り、御縁に畏り、御鷹野へ出御も無用、御馬なとめし候事、是又無勿躰候と申つめ、籠の如くに仕候間、雨夜之紛に忍出、御馬にて尾州を心かけ御出候処、追懸御腹めさせ候、父土岐頼藝公、大桑に御座候を、家老之者共に属託をとらせ、大桑を追出し候、それより土岐殿ハ尾州へ御出候て、信長之父の織田弾正忠を憑みなされ候、爰にて何者の云為哉覧、落書に云「主をきり聟をころすハ身のおハりむかしハおさたいまハ山しろ」と侍り、七まかり百曲に立置候らひし、蒙恩不知恩樹鳥似枯枝、山城道三ハ小科の輩をも牛裂にし、或釜を居置、其女房や親・兄弟に火をたかせ人を煎殺し、事冷敷成敗也

（三十）山城道三討死之事

山城子息、一男新九郎・二男孫四郎・三男喜平次、兄弟三人在之、父子四人共に稲葉山に居城也、惣別人之総領たる者ハ必しも心か緩々として穏當成物候、道三ハ智慧の鏡も曇り、新九郎ハ耄者と計心得て、弟二人を利口の者哉と崇敬して、三男喜平次を一色右兵衛大輔になし、乍居官を進められ、ケ様に候間、弟共勝に乗て奢、蔑如に持扱候、新九郎外見無念に存知、十月十三日より構作病、奥へ引入平臥候へキ、

霜月廿二日、山城道三山下の私宅へ下られ候、爰にて、伯父の長井隼人正を使にて、弟二人のかたへ申遣、趣、既急病時を期事に候、対面候て一言申度事候、入来候へかしと申送候、長井隼人正巧を廻し、異見申処に、同心にて、則二人の弟共新九郎所へ罷来也、長井隼人正次の間に刀を置、是を見て兄弟の者も同如く次の間に刀ををく、奥の間へ入也、態盃をと候て振舞を出し、日根野備中、名誉の物切のふと刀、作手棒兼常抜持、上座に候へつる孫四郎を切臥、又、右兵衛大輔を切殺し、年来の開愁眉、則、山下に在之山城道三かたへ右趣申遣処、致仰天、消肝無限、爰にて螺を立、人数を寄、四方町末より火をかけ、悉放火し、井口を生か城になし、奈賀良の川を越、山県と云山中へ引退、明る年四月十八日鶴山へ取上、國中を見下し居陣也、信長も道三聟にて候間、為手合木曽川・飛弾川舟渡、大河打越、大良の戸島東蔵坊構に至て御在陣、銭亀爰もかしこも銭を布たる如く也、

四月廿日辰剋、成亥へ向て新九郎義龍人数を出し候、道三も鶴山をおり下り、奈加良川端迄人数を被出候、一番合戦に、竹腰道塵、六百計眞丸成て中の渡りを打越、山城道三の幡元へ切かゝり、散々に入みたれ相戦、終に竹腰道塵合戦に切負、山城道三竹腰を討とり、床木に腰を懸、ほろをゆすり満足候処、二番鑓に新九郎義龍多人数噇と川を越、互

に人数立備候、義龍備の中より武者一騎長屋甚右衛門と云者進懸る、又、山城人数の内より柴田角内と云者唯一騎進出、長屋に渡し合、眞中にて相戦、勝負を決し、柴田角内晴かましき高名也、双方よりかゝり合、入乱れ火花とちらし相戦、志の木をけつり鍔をわり、爰かしこにて思ひ〳〵の働在、長井忠左衛門、道三に渡し合、打太刀を推上むすと懐付、山城を生捕に仕らんと云所へ、あら武者の小眞木源太走来、山城か脣を薙臥頸をとる、

忠左衛門者後の証拠の為にとて、山城か鼻をそひで退にけり、合戦に討勝て頸実検の所へ、道三か頸持来、此時、身より出せる罪成と得道をこそしたりけり、是より後新九郎はんかと名乗、古事在、昔唐にはんかと云者親の頸を切、夫者父の頸を切て為孝と也、今の新九郎義龍ハ、不孝重罪恥辱と成也、

軍終、頸実検して、信長御陣所大良口へ人数を出し候、則、大良より三十町計懸出、および河原にて取合、足軽合戦候て、

（卅一）信長太良より御諦陣之事

山口取手介　討死、土方喜三郎　討死、森三左衛門　千石又一に渡し合、馬上にて切合、三左衛門脛の口きられ引退、

山城も合戦に切負討死の由候間、大良御本陣迄引入也、爰にて大河隔事候間、雑人・牛馬悉退させられ、殿ハ信長させらるへき由にて、惣人数こさせられ、上総介殿めし候御舟一艘残し置、おの〳〵打越候処、馬武者少々川はたまて懸来候、其時、信長鉄炮をうたせられ、是より近々とハ不参、去て御舟にめされ御こし也、然処、尾張国半國の主織田伊勢守、濃州の義龍と申合、御敵の色を立、信長の舘清洲の近所下の郷と云村放火の由、追々注進在之、御無念に思食、直に岩倉口へ御手遣候て、岩倉近邊の知行所焼払、其日御人数御引取、如此候間、下郡半國も過半御敵に成也、

美濃の斎藤道三の子義龍が弟たちを謀殺したのは天文二十四年（一五五五）、道三が義龍と長良川で戦って敗死したのは翌弘治二年（一五五六）のことである。『信長公記』の著者である太田牛一の記憶では桶狭間の戦いが天文二十一年だからであろうか、時系列が前後してしまっているのは前述のとおりである。その理由として考えられるのは、桶狭間の戦い以前は今川勢力の西進政策への警戒感があったため、美濃の勢力は親信長派の道三から反信長派の義龍に代替わりしても、信長と敵対する行動には出なかったからであろう。

桶狭間の戦いで尾張勢が駿河勢に予想外の大勝を収めると、それから数年のうちに起こ

る織田信長の成長と今川氏真の衰退を美濃の斎藤義龍がどれほど予測したかは解らないが、尾張に対する政策を大きく転換させたのは事実であろう。そのひとつに近江の六角義弼に娘を嫁がせて同盟関係を結ぼうと打診したようである。義弼の父承禎が家臣に宛てて縁談に反対する内容の書状を発給しているが、その書状は永禄三年（一五六〇）七月二十一日付であるから、桶狭間の戦いから二月も経たない時点で、美濃の斎藤義龍は近江の六角承禎との同盟を模索していたのである。

六角承禎が家臣に宛てた書状の中で「一、彼斎治身上之儀、祖父新左衛門尉者、京都妙覚寺法花坊主落にて、西村与申、長井弥二郎へ罷出、濃州錯乱之砌、心はしをも仕候て、次第ニひいて候て、長井同名ニなり、又父左近大夫代ニ成、惣領を討殺、諸職を奪取、彼者斎藤同名ニ成あかり、剰次郎殿を聟仁取、彼早世候而後、舎弟八郎殿へ申合、井口へ引寄、事ニ左右をよせ、生害させ申、其外兄弟衆、或ハ毒害、或ハ隠害にて、悉相果候、其因果歴然之事」といっており、斎藤氏の下剋上を果たしてきたその身上を蔑んで縁談を阻止しようとした様子が窺える。この書状の内容は近年議論になったもので、『信長公記』には「斎藤山城道三ハ元来山城國西岡の松波と云者也……」とあり、斎藤道三が下剋上により彼一代で美濃の国主にまで登り詰めたように書かれているところを、この書状には道三の父と二代で下剋上を果たしたと書かれている訳である。

六角丞禎は当時美濃から追放されて身を寄せていた美濃の守護土岐頼藝をかくまっていたから、斎藤氏の出自についても正しい情報を得ていた可能性があると考えられる。『信長公記』の記述と六角丞禎書状のいずれの内容が正しいのか……すぐさま判断すべきであるとは思われないので、今後じっくりと検証すべきであろう。

⑨浮野の合戦～岩倉城を攻略

(卅四) 浮野合戦之事
一、七月十二日、清洲より岩倉へハ三十町に不可過、此表節所たるに依て、三里上岩倉の後へまハり、足場の能方より浮野と云所に御人数被備、足軽かけられ候へハ、三千計うき〳〵と罷出相支候、
一、七月十二日午剋、辰己へ向て切かゝり、数剋相戦追崩し、爰に浅野ト云村に林彌七郎と申者、無隠弓達者之仁躰也、弓を持罷退候処へ、橋本一巴、鉄炮の名仁渡し合、連々の知音たるに依て、林彌七郎一巴に詞をかけ候、たすけましきと被申候、心得候と申候

て、あいかの四寸計在之根をしすけたる矢をはめて、立かへり候て、脇の下へふか〳〵と射立候、もとより一巴も二ツ玉をこみ入たるつゝをさしあてゝはなし候へは、倒臥けり、然る処を、信長の御小姓衆佐脇藤八走懸り、林か頸をうたんとする処を、乍居大刀を抜持、佐脇藤八か左の肘を小手くハへに打落す、かゝり向て終に頸を取、林彌七郎、弓と太刀との働無比類仕立也、

去て其日、清洲へ御人数被打納、翌日頸御実検、究竟之侍頸かす千弐百五十余有、

（卅五）岩倉落城之事

一、或時岩倉を推詰、町を放火し生か城になされ、四方しゝ垣二重・三重丈夫に仰付られ、廻番を堅、二三ケ月近陣にとりより、火矢・鉄炮を射入、様々攻させられ越、訴難拘に付て、渡し進上候て、ちり〳〵思々罷退、其後岩倉之城磁却させられ候て、清洲に至て御居城候也、

浮野の合戦は永禄元年（一五五八）七月、岩倉城を攻略したのはその翌年であるから、桶狭間の戦いの前々年と前年である。

尾張の国については、『信長公記』に「去程尾張國八郡也、上之郡四郡織田伊勢守諸将手

に付、進退して岩倉と云處に居城也、半國下郡四郡織田大和守下知に随へ、上下川を隔、清洲之城に武衛様置申、大和守も城中に候て、守立申也」とあり、丹羽郡・葉栗郡・中島郡・春日井郡の上四郡は岩倉城を居城とする織田伊勢守家が、海東郡・海西郡・愛知郡・知多郡の下四郡は清州城を居城とする織田大和守家が治めていたという。

岩倉城を攻略したということは、ついに下四郡に上四郡を加え尾張八郡を手中にしたということのようであるが、敵城を散々に攻め立て裸城にした挙句、城方は逃げ散ったということであるから、最も後味の悪い攻略の仕方をしたということである。逃げ散った敵はどこかに雌伏して、やがてなんらかの機会に蜂起して敵対する可能性があるからである。

また下四郡のうち知多郡については、織田大和守家の勢力外だったようである。

桶狭間の戦いにおける織田軍と今川軍の戦力比較を行う時に、『當代記』にある「五十七萬千七百三十七石四斗　八郡尾張國、二十九萬七百五十石　八郡三河國、二十五萬五千百六十石　十四郡遠江國、十五萬石　七郡駿河國」という石高の明細を引用する研究者がいる。文禄三年（一五九四）頃の状況なのであろう、一見すると尾張一国の石高は、駿河・遠江・三河の三国の石高にそれほど遜色ないようである。

しかし、桶狭間の戦いの頃は、尾張八郡は統一されたといっても日が浅く、その支配は盤石なものではなかったようである。おそらく織田軍は今川軍に真っ向勝負できるような状況ではなかったと考えるべきであろう。

紹巴富士見道記にみる水野信元の政略

連歌師里村紹巴は永禄十年（一五六七）に富士山を愛でる旅に出て、それをもとに京に帰ってすぐ『紹巴富士見道記』を記した。塙保己一の編纂した『群書類従』にも収録されていて、現代においても読むことができる。

京を出て東国に向かうとなると想いを巡らすのは『伊勢物語』の世界であろうか。旧暦四月の時期にあわせて鎌倉街道を通って三河に入るとすぐに八橋である。在原業平らしき旅人が「唐ころも来つつなれにしつましあればはるばる来ぬる旅をしぞ思ふ」と詠んだカキツバタの名所である。「廿七日、八橋までは尾州休存玄以などもをくりがてらと行つれたるに、あたりには花もなし、すこし求に洲杜若抽心長とやらむもて来つゝ、杜若といふ発句せよと云ければ、

杜若おり居てくらす木陰かな

苅屋より迎の馬はやめて」と興行している。この百韻は紹巴が帰京後に興行主の上田無仁斎に「賦山何連歌」と題して清書して贈ったものが現在に伝わるので、発句だけでなく全ての句が残っている。紹巴の発句「杜若おり居てくらす木陰かな」に正勢（無仁斎か）の脇句「沢辺の水も夏深き色」、第三以下「河風のすずしささそふ月いでて」「うす霧なびく山はるかなり」、以下百韻続く。そこで紹巴が杜若の話題に触れ、あたりに杜若がないのは旅人が抜いて持っていくからだと聞いて残念な思いを吐露すると、伝え聞いた代官が農民を動員して植えさせるというので紹巴もいっしょになって植えたという微笑ましい場面も書かれている。

矢作川を渡り岡崎に入った紹巴はまず誓願寺の慶岳を訪ねると、建立一年ほどの新地の室に案内された。松平家臣の中にも連歌を嗜む者は多いらしい。石川家成と興行して「くす玉に菖蒲も分ぬ袂かな」、鳥居忠吉の亭にて「藤かほるたそかれにまたあふちかな」と続く。岡崎を発ち吉田に着くと城主酒井忠次の歓待を受け、「臨川風呂に入山海景二階にして詠」と何やら風流を堪能して、五月八日に興行して「水こもりもするゝ若苗の緑かな」。

この時期、紹巴の富士見の旅先では、甲相駿三国同盟の危機的状況であった。三国同盟の瓦解は、永禄三年（一五六〇）の桶狭間の戦いで駿河の今川義元が討死して嫡男氏真が後を継ぐものの、三河の松平氏の独立を許し、永禄六年（一五六三）には遠江で国衆の大規模な反乱が起きるなど、動揺が拡がったことにはじまるという。

永禄八年（一五六五）七月に、甲斐の武田信玄の嫡男義信の傅役である飯富虎昌らによる信玄暗殺の企てが露見したとして、同年十月に義信は甲府東光寺に幽閉された。義信の正室は今川氏真の妹だったため、これにより甲斐・駿河両国の関係は悪化し、永禄十年（一五六七）六月に氏真は甲斐へ「塩止め」という経済制裁に乗り出した。

五月から六月にかけて駿府に滞在し富士山をたっぷり堪能した紹巴は、京への帰途に七月上旬から下旬にかけて再び刈谷を訪れた。「七夕の手向を苅屋無甚斎にして、

哀しるや星に手向もかり衣

御城内にして野州塩石をたかせ、御門前に湛たる潮を汲せ給へり、川がりの里魚など手づからといふ計もてなさせ給ひぬ」と、水野信元が自分の手で里魚を料理してもてなしている。ここで、海水を塩釜で炊いて見せたのは、奥州塩釜の地へ旅情を誘うもので、『伊勢物語』の世界を味わう旅の主旨に沿ったものであるが、実は「駿河が塩止めの経済制裁に乗

り出しても、甲斐へは三河から塩を輸出して補填しているから大丈夫」と暗に政治的なメッセージを発信しているのである。

連日、連歌の会やらに引っ張りだこの様子で、「八日に緒川清水左京亮一會に、

昨日あひし星崎しるし泊舟

翌日に長坂彌左衛門、去夏八橋にて東へ急ぐ時、登りにと約諾せしとて、一折に、

花ををもみ萩に水行野末かな

十日に苅屋野州御嫡子緒川の御城へ参宮して帰るさに、清水権之助へ立寄日をくらし、定宿長坂彌左衛門へ帰て、更行に御城より躍入給ひ、十一日仙庵にて興行、

萩のこゑ山下道や濱つたひ

美肴餘残とて、十二日一箸鱸魚鱠とこそいひし数々用ゐて、濱邊の月にイ」と続く。

面白いのは盂蘭盆の供養の行事で、海のない京都では見馴れぬ風流な趣向だと紹巴は感じ入ったようで、「盂蘭盆の手向をば又かりやにてせり、緒川より苅屋へ、舟十二艘に灯籠をともし、風流をかけ給へり、海上の逸興都にては見馴ぬ事共也」とある。

さらに日を重ねて、「廿四日、御城御興行あるべきを、出陣の前日なれば、種々海中珍鋪物を集られて、酔臥計也」とあり、この日は城内出陣のため慌ただしい様子である。この

一ヶ月後の八月十五日に信長が美濃稲葉山城を攻略して斎藤龍興を国外に追いやっているが、既にその戦役に向けて刈谷から出陣したのに違いない。水野信元は甲斐の武田氏と通じており、武田信玄の目を駿河に向けさせて美濃に干渉しない状況に誘導していたのである。甲斐の支援が望めない状況で美濃三人衆が龍興を見限って離反し、それを待って信長は美濃に侵攻したのである。

信元は家中の軍勢が出陣していった後も自身は合戦に赴こうとはしておらず、連歌の興行である。「廿六日、於御隠居野州、

嶋々もなひく霧間の朝戸かな

遠景唐信などには見をよばぬ」と、紹巴は信元を御隠居よばわりしている。

その後、紹巴は尾張に向かうも、美濃を攻略した織田軍が斎藤龍興を追うのに遭遇し、「桑名へとおもへるを、長嶋（一向念仏坊主）城敗に尾州太守出陣なれば」熱田から大高へと避難した。大高城は「銘城にて、唐人伝詩ををくりし所也、城は松風の里、麓は呼続の浜なり」という城であったらしい。「夜半過、西を見れば、長嶋をひおとされ、放火の光夥しく、白日のごとくなれば、起出て、

旅枕夢ちたのむに秋の夜の月にあかさん松風の里」という。信長の一向一揆との戦いは

既に始まっていたのである。

伊勢路から京に帰る途中、「楠に着たるに、尾州の先勢暮かけてといひつたへ、さはがしさは中中也」と、再び信長の軍勢が北伊勢方面に侵攻するところに遭遇した、というよりは織田軍の進撃の様子を観察するために向かったというべきのようである。

帰京を果たして、道記の締めくくりに、「不定世界おどろきながら、廿七日、如意嵩越に都に入て、人界はかなさよ、さても〳〵目出たや目出たやといひ酔くらしぬ、心前両僕片時のわづらひなく、いさゝかの災難にあはずして、留主昌叱縁者の者とおとがひをとき、かりの衣をぬぎてもかたはら淋し、行末いかならん。

永禄十年八月廿八日終記念　紹巴」と、まず旅の無事を喜んだのは、やはり神職・山伏などと同様に連歌師というのは戦国大名や国衆の間を行き交い情報を媒介する存在であり、どこで生命の危険にさらされても仕方がないという自覚があったからであろう。

かなりに邪推・妄想を犯していることが許容されるならば、里村紹巴は朝廷・幕府より密命を与えられて富士見の旅を企図したのであると、私は考える。

それは、永禄八年（一五六五）五月十九日に三好長逸・三好政康・岩成友通の三好三人衆が松永久秀の子久通と共謀し、軍勢をもって将軍を襲撃して殺害するという、いわゆる「永禄の変」を起こしたことに起因していると考えられる。三好三人衆は阿波から足利氏の支族の義栄を次期将軍に迎えようと画策すると、三淵藤英・細川藤孝などの反対勢力は義輝の弟で奈良興福寺一乗院門跡の覚慶を還俗させてこれに対抗しようとした。

この覚慶に将軍職を継がせようとする勢力は、尾張一国の統一を成し遂げ隣国三河と同盟関係を構築した織田信長を後ろ盾にして上洛を果たそうと目論んだが、その前提となるのは信長が美濃・近江を通過することであった。ところが信長が美濃を攻略するためには、美濃が受けている甲斐の武田信玄からの支援を断ち切る必要があった。そこで甲相駿三国同盟による甲斐の武田信玄と駿河の今川氏真の関係を瓦解させ、信玄の関心を駿河侵攻に向けさせるという陰謀をすすめたのである。

紹巴が与えられた密命とは、

・信玄の駿河侵攻に向けた準備がどれほど進捗したかの調査

・甲斐と駿河の関係瓦解により生じた幾つかの問題への手当て

であったと考えられる。その回答のひとつが、今川氏真が甲斐へ塩止めという経済制裁に乗り出したことへの対応であり、これは水野信元が海水を満たした盥石を炊かせて製塩のデモを披露したことである。

もうひとつが、紹巴の苅屋滞在中の水野勢の出陣であり、これは織田信長の美濃侵攻に加わるための出陣だったと考えられる。

織田信長の美濃侵攻・北伊勢侵攻

織田信長の美濃侵攻については、『信長公記』には「一、八月朔日、美濃三人衆、稲葉伊豫守・氏家卜全・安東伊賀守、申合候て、信長公へ御身方に可参候間、人質を御請取候へと申越候、然間、村井民部丞・嶋田所之助、人質請取に西美濃へさし被遣、未人質も不参候に、俄に御人数出され、井口山之つゝき瑞龍寺山へ懸上られ候、是ハ如何に敵か味方かと申所に、早町に火をかけ、即時に生か城に被成候、其日、以外風吹候、翌日、御普請くはり被仰付、四方鹿垣結まハし、取籠をかせられ候、左候處へ美濃三人衆も参り、消肝御禮被申上候、信長ハ何事もケ様に物軽に被成御沙汰候也、
一、八月十五日、色々降参候て、飛弾川のつゝきにて候間、舟にて川内長嶋へ龍興退散、去て美濃國一篇に被仰付、尾張國小真木山より濃州稲葉山へ御越也、井口と申を今度改て岐

阜と名付させられ」とある。

永禄十年（一五六七）八月、つまり里村紹巴が富士見の旅の帰路の途中に三河刈谷の水野信元を訪ねて長滞在した翌月の出来事である。

美濃三人衆と呼ばれる稲葉一鉄・氏家卜全・安藤守就が信長に味方する旨を伝えてきたのを好機ととらえ、信長は突如として美濃侵攻を開始したのである。いかに突如であったかというと、美濃三人衆が提供するとした人質の身柄を、織田方の使者として赴いた村井貞勝・島田秀満が受け取る前から、信長は軍勢を発して美濃の井口城下に攻め込んで火をかけて裸城にしてしまったというのである。このことは、美濃三人衆の調略が以前から入念に行われていたということである。

美濃では父子骨肉の争いを経て国主となった齋藤義龍は永禄四年（一五六一）五月に三十五歳という若さで病没しており、その子の龍興が後を継いでいた。その幼君を必死で支えてきた美濃三人衆も、頼みとしていた甲斐の武田信玄の支援を今後は見込めないという状況を認識して、ついに美濃を守り抜こうという気持ちを断念したのであろう。

甲斐の武田信玄が美濃の支援を打ち切ったのには、この二年後に実現する甲斐の武田と三河の徳川による駿河・遠江への同時侵攻に関係していると考えられる。それまでの甲相駿三国同盟を破棄し駿河侵攻を目指すという武田信玄の政策転換は、里村紹巴により水野信元にその情報が伝えられ、それが美濃三人衆へと転送されたのであろう。『紹巴富士見道記』にある「廿四日、御城御興行あるべきを、出陣の前日なれば、種々海中珍鋪物を集られて、酔臥計也」にある水野勢出陣は、この信長の美濃侵攻に参陣するためのものであったのであろう。

この美濃攻略については二つの重要な点を見過ごしてはならない。

ひとつは『信長公記』に「一、公方一乗院殿、佐々木承禎を御憑候へとも無同心、越前へ御成候て朝倉左京太夫義景を御憑候へとも御入洛御沙汰中々無之、去て上総介信長を憑思食之旨、細川兵部大輔・和田伊賀守を以て上意候、則越前へ信長より御迎を進上候て、不経百ヶ日被遂御本意、被備征夷将軍御面目御手柄也、

去程に丹波國桑田郡穴太村のうち長谷の城と云を相抱候、赤澤加賀守・内藤備前守與力也、一段之鷹数奇也、或時自身関東へ罷下可然、角鷹二連求罷上候刻、尾州にて織田上総介信長へ二連之内何れにても一もと進上と申候へハ、志之程感悦至極候、併天下御存知之

砌被申請候間、預置之由候て返し被下候此由、京都にて物語候へハ、國を隔遠國よりの望不實と申候て皆々笑申候、然處不経十ヶ年、信長御入洛被成候、希代不思儀之事共候也」とあるように、越前を流浪した一条院覚慶が再上洛を果たすために信長を頼ったことが、この信長の美濃侵攻の動機のひとつになっているということである。

逆説的に考察すると、織田信長の美濃侵攻は、覚慶を再上洛させ将軍職に就けるという将軍家の意思の中に組み込まれたものであり、武田信玄が甲相駿三国同盟を破棄し駿河侵攻を目指すという政策転換したのは、信長の美濃侵攻の支障を取り除くために仕組まれたことだったということになるのである。

もう一つの重要な点は、信長は美濃攻略から時を置かずに北伊勢侵攻を行っている点である。『信長公記』は先述の美濃攻略を果たしたところで首巻が終わっており、この北伊勢侵攻については全く触れられていない。

かわりに、『勢州軍記』が『続群書類従』に収録されていて読むことができるが、そこには「一、信長出勢事　永禄十年丁卯秋八月、織田信長率美濃尾張数萬之軍兵、発向於勢州桑名表、攻撃北方諸侍、南部加用梅津富田以下、普属彼幕下也、其後、信長推寄楠城攻之、

楠家雖防戦得大軍不相叶、遂請降参為魁案内者也、次信長推寄神戸之家長山路弾正忠之城高岡、人屋放火而攻之、山路励武威防戦也、信長宿入必放火也、依之敵迷度云々、故日勝軍不如夜伐、破城不如放火矣、時於濃州西方三人衆氏家・安藤・稲葉有心替之儀、依之信長以瀧川親衛為勢州之押、相副伊勢衆被残置於北方引取諸勢還岐阜城云々、是安藤伊賀守與武田信玄一味、心替之時也」とある。

楠城を攻めたことは、『紹巴富士見道記』に「楠に着たるに、尾州の先勢暮かけてといひつたへ、さはがしさは中中也」とあるから、大まかに照合がとれる。

楠城降参後は楠勢を案内にして高岡城を囲んだが、城方の神戸家幕下山路弾正が籠城抗戦に出たため、織田勢は城下を焼き払ったという。ところで問題なのは、その時に美濃三人衆が甲斐の武田と通じて織田勢の背後を脅かしたので、織田勢は美濃に引き下がったということである。美濃三人衆が甲斐と通じたのがこの時期であったならば、信長は美濃三人衆を赦してはおかなかったに違いない。美濃三人衆が甲斐と通じたのは事実であったのであろうが、どうやら永禄十年のこの侵攻の時ではなく、おそらくその前年以前の時のことであったのではないか。『勢州軍記』に「一、瀧川出身事（中略）承勢州之魁、尾張堺、長嶋、桑名邊、美濃堺大藪、多度邊、打出於諸所、對北方諸侍、或攻之或和之、振武威、故桑名員辨両郡之諸侍、木股・持福・上木・白瀬・濱田・高松以下、自然属織田家之幕下也」とあり、信長の北伊勢侵攻の以前に、信長の幕下瀧川一益が侵攻していたということであり、美濃三人衆が甲斐と通じたために織田勢が撤退しなければならなくなったのはその時の出来事だったと考えた方が自然である。つまり織田勢は美濃に撤退したのではなく、尾張に撤退したというのが正しいようである。

織田信長が伊勢の北半国を手中にしたのは、北伊勢侵攻のおよそ半年後のことであり、『勢州軍記』には「一、神戸和睦事　永禄十一年戊辰春二月、織田信長率四萬餘之軍兵、又発向於勢州、北方諸侍千種・宇野部・赤堀・稲生以下悉属其幕下也、信長重圍高岡城攻之、神戸家励武威楯籠於神戸城、欲逐一戦處、信長廻謀、自高岡陣所以使者告神戸家曰、於御邊與信長和睦者、我子息一人為養子可被遣云々、神戸無子息、依之和睦、夫納養子聟國主事、治國之大巧也、此時神戸蔵人為禮出信長之陣所、尾濃之諸侍謂日來傳聞神戸之武威、而人挙見之云々（後略）」とある。

再度出陣して高岡城を包囲して、北伊勢の神戸氏に信長の次男信孝を養子に送り込むという縁組により和睦を成立させたというのである。「又発向於勢州」というのは間違いであると考えられるのは、むしろ永禄十年の北伊勢侵攻がそのまま継続して越年したと考えられるからである。つまり、永禄十年八月から翌年二月まで半年も戦役が継続したということであるが、これだけ長期化したのには、「北勢四十八家」と呼ばれるように、当時の北伊勢は数多くの小豪族が割拠している状態で、むしろ征服しにくかったからではなかっただろうか。

北勢四十八家といわれるが、四十八というのは現代でもアイドルグループ名に48がつくと、多くのタレントが集まっているんだな……と印象をもつように多勢いるというような意味に使われる語呂の良い数字らしく、実際はそれよりも多い五十数家あったようである。この北勢四十八家との間で織田軍は時として激しい戦闘を繰り広げたようで、例えば采女城の攻略戦では、城主後藤藤勝は討死し、その娘千奈美姫も主郭の深井戸に身を投げて父の後を追ったと言い伝えられている。采女城は四日市市の南の郊外、内部川を挟んで内部小学校の反対岸の小山の中腹にあり、このような穏やかな地域でも悲劇があったのだという感慨にふけってしまう。

水野信元、織田信長とともに上洛

信長の美濃攻略から足利義昭を擁しての入京まで、水野信元が思い描いた筋書きで展開したはずである。信元が織田と徳川の同盟を斡旋した理由は、自分が境目の国衆にはなりたくないという、かなり自己中心的なものだったに違いない。信元の手腕の凄いところは、織田と徳川の同盟を斡旋するにあたって両者に付加価値を与えたこと、即ち、信長には美濃と上洛、家康には遠江である。

信長上洛の構想は想像以上に早い段階からあったようで、永禄八年（一五六五）に将軍足利義輝が殺害される「永禄の変」があり、将軍の同母弟である興福寺一乗院門跡覚慶が奈良から脱出した直後からのもののようである。信長が覚慶（後の足利義昭）を擁して上洛するためには、まずは美濃の奪取を急がなければならず、そのためには甲斐の武田信玄による美濃支援を断ち切らせる必要があった。そこで、甲相駿三国同盟を瓦解させ、甲斐の武田信玄と三河の徳川家康が駿河・遠江へ同時侵攻と分割領有の作戦へとつなげて、信玄の目を美濃から逸らすように仕向けたのである。

織田信長が尾張・美濃・伊勢・三河の四ヶ国の軍勢を率いて上洛した永禄十一年（一五

六八）は、徳川家康にとっては三河吉田（現在の豊橋市）に前線を構え、遠江侵攻に向けた準備段階の時期にあたる。家康自ら上洛することはなく、藤井松平氏の松平信一を名代にたてて、信長の上洛の軍勢に加わらせた。

水野信元は上洛の軍勢に加わって、そこでは織田の家臣でも徳川の家臣でもない独立した立場をとっていたことを窺うことができる。

この信長の上洛の様子は、『信長公記』巻之一に記述されている。

（一）公方様御生害之事

先公方光源院義照御生害、同御舎弟鹿苑院殿其外諸侯之衆歴々討死事、其濫觴者三好修理太夫天下依為執権、内々三好に遺恨可被思食と兼而存知被企御謀叛之由申、掠寄事於左右、永禄八年五月十九日に号清水詣、早朝より人数をよせ則諸勢殿中へ乱入、雖被成御仰天候、無是非御仕合也、数度切而出伐崩餘多に手負せ、公方様雖御働候多勢に不叶、御殿に火を懸終に被成御自害候之訖、同三番目之御舎弟鹿苑院殿へも平田和泉を討手にさし向、同刻に御生害、御伴衆悉逃散候、其中に日比御目を被懸候美濃屋小四郎未若年

十五六にして討手之大将、平田和泉を切殺し御相伴仕り高名無比類誠御當家破滅天下万民之愁歎不可過之云々、

(二)一乗院殿佐々木承禎朝倉御憑不叶事

然而二男御舎弟南都一乗院義昭、當寺御相續之間、対御身聊以野心無御座之旨、三好修理太夫・松永弾正かたより宥被申候、尤之由被仰候て暫被成御在寺、或時南都潜出御有而、和田伊賀守を被成御憑経伊賀甲賀路江州矢島之郷へ被移御座、佐々木左京太夫承禎を憑思食之旨種々様々雖上意候、既主従之忘恩顧不能同心結句雑説を申出し無情追出し申之間、憑木本に両漏無甲斐又越前へ被成下向訖、朝倉事元来雖非其者、彼父掠上意任御相伴之次於我國雅意に振舞、御帰洛之事中々不被出其詞之間是又、

(三)信長御憑御請之事

公方様無御料簡、此上者織田上総介信長を偏被憑入度之趣被仰出、既隔國其上信長雖為底弱之士天下之被欲セ致忠功憚一命被成御請、

永禄十一年七月廿七日、越前へ為御迎和田伊賀守・不破河内守・村井民部・島田所之助、被成進上濃州西庄立正寺に至而、

公方様御成、末席に鳥目千貫積せられ、御太刀・御鐙・武具・御馬、色々進上申され、其

外諸侯之御衆是又御馳走不斜、此上者片時も御入洛可有御急と思食、

（四）信長御入洛十余日之内に五畿内隣国被仰付被備征夷将軍之事

八月七日、江州佐和山へ信長被成御出、上意之御使に使者を被相副、佐々木左京太夫承禎御入浴之路次、人質を出し馳走候へ之旨、七ヶ日御逗留候て様々被仰含、御本意一途之上天下所司代可被申付、雖御堅約候不能許容不及是非、此上者江州へ可被御行之御造意頻にて、

九月七日に公方様へ御暇を申され江州一篇に討果し御迎を可進上之旨被仰上尾濃勢三四ヶ國之軍兵を引卒し、

九月七日に打立平尾村御陣取、

同八日に江州高宮御着陣両日被成御逗留人馬之休息、

十一日、愛智川近邊に野陣をかけさせられ、信長懸まハし御覧し、わき〳〵数ヶ所の御敵城へハ御手遣もなく、佐々木父子三人被楯籠候観音寺並ニ箕作山へ、

同十二日にかけ上させられ、佐久間右衛門・木下藤吉郎・丹羽五郎左衛門・浅井新八、被仰付、箕作山之城攻させられ、申剋ヨリ夜に入攻落訖、

去程に去年美濃國大國をめしをかれ候間、定而今度者美濃衆を手先へ夫兵に可被差遣と

みの衆存知し處に、一圓無御構、御馬廻にて箕作攻させられ、美濃三人衆、稲葉伊豫・氏家卜全・安藤伊賀、案之外成御行哉と奇特之思をなす由也、其夜者信長みつくり山に御陣を居させられ、翌日、佐々木承禎か館、観音寺山へ可被攻上、御存分之處に、佐々木父子三人致癈北、
十三日に観音寺山乗取御上り候、依之残党致降参候之間、人質を執固元の如く被立置、一國平均候者公方様へ御堅約之為御迎、不破河内、
十四日に濃州西庄立正寺へさしつかハされ、
廿一日、既被進御馬柏原上菩提院御着座、
廿二日、桑実寺へ御成、
廿四日、信長守山まて御働、翌日、志那・勢田之舟さし相御逗留、
廿六日、被成御渡海、三井寺極楽院に被懸御陣、諸勢大津馬場松本陣取、
廿七日、公方様御渡海にて同三井寺光浄院御陣宿、
廿八日、信長東福寺へ被移御陣、柴田日向守・蜂屋兵庫頭・森三左衛門・坂井右近、此四人に先陣被仰付、則かつら川打越御敵城、岩成主税頭楯籠、正立寺表手遣御敵も足軽を出し候、右四人之衆、見合馬を乗込、頸五十余討捕、東福寺にて信長へ被懸御目、

公方様同日に清水御動座、
廿九日、青龍寺表被寄御馬、寺戸寂照御陣取依之、岩成主税頭降参仕、
晦日、山崎御着陣、先陣ハ天神ノ馬場陣取、芥川に細川六郎殿・三好日向守楯籠、夜に入退散、并篠原右京亮居城、越水・滝山、是又退城、然間芥川之城、信長被成供奉、公方様被移御座、
十月二日に池田之城、筑後居城へ御取かけ、信長ハ北之山に御人数被備御覧候、水野金吾内に無隠勇士梶川平左衛門とて在之、并御馬廻の内、魚住隼人・山田半兵衛、是も無隠武篇者也、両人争先外構乗込、爰にて押つおされつ暫之闘に、梶川平左衛門骼をつかれて罷退討死也、魚住隼人も爰にて手を負、被罷退ヶ様にきひしく候之間、互に討死数多在之、終に火をかけ町を放火候也、今度御動座之御伴衆、末代之高名と諸家存之、士力日々にあらたにして、戦「如風発、攻「如河決とハ夫是ヲ謂歟、池田筑後守致降参人質進上之間、御本陣芥川之城へ御人数被打納、五畿内隣國皆以て被任御下知、松永弾正者我朝無雙のつくもかみ進上申され、今井宗久是又無隠名物松嶋ノ壺并紹鴎茄子進献、往昔判官殿一谷鉄皆かカケ召れし時之御鐙進上申者も在之、異國本朝之捧珍物、信長へ御禮可申上と芥川十四日御逗留之間、門前成市事也、十四日芥川より公方様御帰洛、六條

本國寺被成御座、天下一同に開喜悦之眉訖、信長も被成御安堵之思、當手之勢衆被召列直に清水へ御出、諸勢洛中へ入候てハ下々不届族も可在之哉之被加御思慮、警固ヲ洛中洛外へ被仰付、猥儀無之既、畿内之逆徒等数ヶ所城郭を構、雖相支風に草木之靡カ如ク十餘日之内に悉退散シ天下属御存分、細川殿屋形御座として、信長被成供奉於、御殿御太刀御馬御進上、忝も御前へ信長被召出、三献之上、公儀御酌にて御盃并御劔御拝領、十月廿二日、御参内職掌之御出立儀式相調奉備、征夷将軍城都御安座、信長日域無雙之御名誉、末代之御面目可被備後胤之亀競者也、

美濃から入京までの途中は近江を通過しなければならないが、六角氏が織田軍の通過を承諾しなかったのは当然のことだったのであろう。

そのため、信長は六角氏の箕作城や観音寺城を攻め落として、しかる後に美濃立政寺で待機していた足利義昭は近江桑実寺に迎えられ、ついに入京を果たして足利第十五代将軍になったのである。

信長はすぐさま入京はせず、そのまま山城・摂津方面に展開し三好三人衆の掃討戦へと移っている。三好三人衆を駆逐することによって新しい天下人になったのである。

この頃の様子を公家山科言継が日記に記している。この『言継卿記』のなかの関係部分を抜粋して、『信長公記』の記述と比較しつつ読んでみると面白い。

九月大

十日　自尾州織田上総介江州中郡へ出張云々、仍今朝石成主税助坂本迄罷下了、

十一日　於江州合戦有之云々、左右方討死云々、但上總介先國へ打歸云々如何、申刻石成主税助先打歸了、

十三日　江州へ尾州之織田上総介入、昨日美作之城責落、同観音寺之城夜半計落云々、自焼云々、同長光寺之城以下十一二落云々、

十四日　六角入道紹貞城落云云、江州悉焼云々、後藤・長田・進藤・永原・池田・平井・丸里七人、敵同心云々、京中邊大騒動也、此方大概之物内侍所へ遣之、

廿日　織田出張、日々洛中洛外騒動也、一両日中之由申、今朝尚騒動也、織田明日出張必定之由有之、騒動以外及曉天也、

廿一日　今日之出張延引云々、来廿四日必定云云、

廿三日　織田弾正忠今日三井寺へ出張云々、先勢山科七郷へ陣取云々、

廿五日　尾州之足軽二三騎近所迄來、禁裏御近所之儀堅申付之由申理云々、東之田中之
在所少放火云々、
廿六日　自早旦尾州衆出張、自山科郷南方へ通了、従北白川同出人數有之、細川兵部大
輔、明印等北門迄参、
今日武家清水寺迄被移御座云々、
織田弾正忠信長東寺迄進發云々、山科郷栗田口西院方々放火、於久我軍有之
云々、左右方多討死云々、石成主税助友通城於勝龍寺同合戦有之云々、
廿九日　今日武家御所天神之馬場迄御進發云々、先勢芥川之麓焼之責云々、其外河州
方々放火云々、
三十日　今日武家芥川へ被移御座云々、勝隆寺・芥川等之城昨夕渡之、郡山道場今日破
之、富田寺外破之、寺内調有之、池田へ取懸云々、
十月小
二日　武家以下芥川に御陣取云々、近日可有御上洛之由有之、池田、日向守等降参云々、
四日　早々紹巴所へ罷向、菊一茎随身遣之、織田弾正忠物書明院に申度事有之間、雑
掌可引合之由申之、堅故障之間不及是非、

八日　織田弾正忠禁裏御不辨之由承及、内々萬疋今朝進上云々、

十日　三川國松平和泉守上洛とて、門外迄禮に來、樽代三十疋送之、於門外對面了、誓願寺に寄宿云々、彼寺西堂玄易被同道、松平所へ澤路隼人佑使に遣之禮申之、則今日下向云々、織田手前無殊之事間先下向云々

十四日　今日自芥川武家御上洛云々、六條本國寺江被移御座云々、

十八日　今夜将軍宣下有之、室町殿左馬頭源朝臣義昭、征夷将軍、参議、左近中将、従四位下、禁色、昇殿等六ヶ條陣宣下、

十九日　次今日将軍御四品之位記被持参之間、束帯令着之、同局務師廉朝臣、官務朝芳宿禰等宣旨持参云々、同束帯也、

廿二日　今日武家御参内有之、参會之事、

織田軍の上洛がいよいよと迫った時、「京中邊大騒動也」という状態だったというのが生々しい。

微妙に『信長公記』と『言継卿記』の間に誤差があるのは、例えば『信長公記』に「廿八日　信長東福寺へ被移御陣」とあるところが、『言継卿記』には廿六日「織田弾正忠信長東寺迄進発云々」とあるところである。東福寺と東寺の違いがあるし、二十八日と二十六日の違いもある。ただし、日付の違いについては、どうやら『言継卿記』は多分に第三者を介した情報や予定を書き込んでしまっているようであり、一方の『信長公記』は当事者が発生した事実を記述しているようなので、これは『信長公記』のほうが正確である可能性が高いと思われる。そのような誤差が散見されるようなので、注意が必要である。

連歌師の里村紹巴が信長の上洛戦の間に面会したという逸話が『甫庵信長記』にある。「色々の捧物して御礼申上ぐる中に、紹巴、末広がりの扇二本、台に据ゑて直に捧げらる。いかにと見る所に、御前につい居て、上下をも取あへず、

二本手に入る今日の悦び

と申されければ、信長卿、

舞い遊ぶ千代万代の扇にて

と付け給ひけり」とあるが、史実か創作かはわからない。

九月に正親町天皇の行った御懺法講の費用について、水野信元は二千疋を献上したようである。そのことは山科言継が信元に宛て「先度者就禁裏御法事之儀被仰出處、二千疋被進候、悦被思食之由女房奉書如此候、被行御懺法講御大慶候、從拙者尚々得其意能可申入之旨候、将又太布十端被懸御意候、千萬祝着之至候、尚從誓願寺可有演説候、恐々謹言、霜月十日」という書状を送っていることで知れる。

同様の書状が徳川家康にも発せられ、その時は上洛していなかった家康は二万疋を奉加したことへの御礼という内容である。添えられた女房奉書に「をたのたん正色ちそう申」とあるので信長に諸事馳走をお願いしたということではあるが、その間には信元が入っておそらく奉加の立替えなどもしていたかも知れない。というのは、信元宛書状に「尚從誓願寺可有演説候」とあるように、信元も家康もともに誓願寺を朝廷への取次ぎにしているからである。奉加料が信元の二千疋に対して家康の二万疋というのは多すぎるような気がするのだが、家康は徳川への改姓の勅許をいただき従五位下三河守の任官を受けているので、そのことも考慮して信元が奮発させたのではないかと考えてしまう。

その翌年、『言継卿記』には言継が岐阜を訪れ、正親町天皇が九月五日に行おうとしている後奈良天皇十三回忌法要につき徳川家康の費用負担を周旋しようとしたことが記されている。七月八日に京都を発ち十日に岐阜に到着、そして十二日に信長と面会した。ところが、「又三州徳川は駿州堺に有之間、別之用無之者、罷下事無用之由被申、信長以飛脚可申調候間、爰に可逗留之由也」とあり、家康は駿河境への侵攻で三河を留守にしていて、言継に岡崎へ行っても仕方がないから岐阜に逗留しているようにと信長は勧めた。代わりに言継の家人澤路長俊が岡崎まで遣いに立ち、家康は法要のために二万疋を献上した。

水野信元もこの法要に費用負担をしている。言継卿記には八月十一日「自水野下野守返事有之、禁へ二千疋被進上」とある。後に長橋局から山科言継に「こんと御ほう事につきて、水の〻下つけのかみ二千疋しん上候、神へうにおほしめし候よし、よくよく御心え候てつたへられ候へく候よし、心へ候て申とて候、かしく、仰永禄十二年十一月五日」という女房奉書が出されている。

永禄十三年（一五七〇）二月二十五日、織田信長は岐阜を発して上洛の旅についた。上洛の目的は、内裏造営の指図や茶器の購入などというのが表向きだったかも知れないが、おそらく越前の朝倉義景の討伐という目的が本当はありながら秘していたであろう。信長は三河の徳川家康・越前の朝倉義景や、畿内隣国の面々にも上洛を呼びかけたところ、徳川はこれに応えたが、朝倉は上洛したところを謀殺されることを疑ってであろうか、呼びかけを無視した。

永禄十三年の上洛と越前の朝倉征伐については『信長公記』巻之三に記述されている。

（一）常楽寺ニテ相撲之事

二月廿五日、御上洛、赤坂御泊、廿六日、常楽寺迄御出被成御逗留、三月三日に江州國中之相撲取を被召寄、常楽寺にて相撲をとらせ御覧候、人数之事、百済寺ノ鹿・百済寺之小鹿・たいとう・正権・長光・宮居眼左衛門・河原寺之大進・はし小僧・深尾又二郎・鯰江又一郎・青地與右衛門、此外随分之手取之相撲取共、我もくと不知員馳集、共時之行事ハ木瀬蔵春庵、鯰江又一郎・青地與右衛門、取勝り依之、青地・鯰江被召出、両人之者に熨斗付之太刀・脇差被下、今日より御家人に被召加、相撲之奉行を被仰付、両人面目之至也、爰に深尾又次郎、能相撲面白仕り候て、被成御感御服被下、忝次第也、

三月五日、御上洛上京、驢庵に至而御寄宿、畿内隣國之面々等、三州より家康公御在洛、門前成市事也、

（二）名物被召置之事

去程に天下無隠名物、堺に在候道具之事、
天王寺屋宗及　一菓子の絵、
薬師院　一小松島、
油屋常祐　一柑子口、
松永弾正　一鐘の繪、
何れも覚之一種共被召置度之趣、友閑・丹羽五郎左衛門、御使にて被仰出、違背非可申候之間無遠儀進上、則代物以金銀被仰付候キ

（三）観世太夫今春太夫立合ニ御能之事

四月十四日、公方様御構御普請造畢之為、御祝言、観世太夫・今春太夫、立合に御能、
一番、たまの井、観世
二同、三輪、ワキ小二郎、今春
三同、張良、観世

四同、あしかり、ワキ大蔵新三、今春
五同、松風、観世
六同、紅葉かり、ワキ大蔵新三、今春
七番、とをる、勧世
一地謡、生駒外記・野尻南介、
一大つゝみ、伊徳高安・大蔵二介・喜三郎
一小つゝみ、彦右衛門・日吉孫一郎・久二郎・三蔵
一たいこ　又二郎・與左衛門
一笛、伊藤宗十郎・春日與左衛門
一飛弾國司姉小路中納言卿、一伊勢國司北畠中将卿、一三州徳川家康卿、一畠山殿、一色殿、一三好左京大夫、一松永弾正、摂家清花御衆歴々、畿内隣國之面々等群集、晴かましき見物也、於千爰信長公被進御官ヲ候へと雖、上意候被成、御辞退御請無之、忝も三献之上公儀御酌にて、御盃御拝領御面目之至也、

(四)越前手筒山被攻落之事

四月廿日、信長公京都より直に越前へ御進発、坂本を打越其日和邇に御陣取、廿一日、高

島之内田中か城に御泊、廿二日、若州熊河松宮玄蕃所御陣宿、廿三日、佐柿栗屋越中所に至て御着陣、翌日御逗留、
廿五日、越前之内敦賀表へ御人数被出、信長公懸まハし御覧し、則手筒山へ御取懸候、彼城高山にて東南峨々と聳たり、雖然頻に可攻入之旨御下知之間、既軽一命粉骨之被励御忠節無程攻入頸数千参百七十討捕並金か崎之城に朝倉中務大輔楯籠候、
翌日又取懸可被攻干之處、色々致降参退出候、引壇之城是又明退候、則滝川喜右衛門・山田左衛門尉、両人被着遣塀矢蔵引下し破却させ木目峠打越國中可為御乱入之處、
江北浅井備前、手の反覆之由追々其注進候然共浅井者歴然為御縁者之上剰江北一圓に被仰付之間、不足不可有之條可為虚説と思食候處、従方々事実之注進候不及是非之由にて、
金ケ崎之城にハ木下藤吉郎残しをかせられ、
四月晦日、朽木越をさせられ、朽木信濃守馳走申京都に至而御人数被打納、是より明智十兵衛・丹羽五郎左衛門両人若州へ差遣され、武藤上野人質執候て可参之旨御諚候、則武藤上野守母儀を為人質召置、其上武藤構破却させ、
五月六日、はりはた越にて罷上右の様子言上候、然間江州路次通りの為御警固稲葉伊豫父子三人・斎藤内蔵人佐、江州守山の町に被置候處、既一揆令蜂起へそ村に挙煙守山之

町南の口より焼入しこと、稲葉諸口を支追崩シ数多切捨手前之働無比類、去て京表面々等の人質執固、公方様へ被成御進上天下御大事於在之者不移時日可有御入洛之旨被仰上、五月九日、御下志賀之城・宇佐山拵、森三左衛門をかせられ、十二日に永原まて御出、永原に佐久間右衛門被置、長光寺に柴田修理亮在城、安土城に中川八郎右衛門楯籠如此塞々に御人数残しをかせられ、

これを『言継卿記』から関係する部分を抜粋して『信長公記』の記述と比較してみる。

二月大

三十日　織田弾正忠信長申刻上洛、公家奉公衆、或江州或堅田、坂本、山中等へ迎に被行、上下京地下人一町に五人宛、吉田迄迎に罷向、

三月小

一日　次信長禁裏へ祇候、

三日　次織田弾正忠所へ公家奉公衆各罷向、取乱之由申見参無之、次予、奉公衆五六人、尾州之水野下野守、樽代三十疋、同子藤四郎同二十疋、所

へ罷向、酒有之、

四日　次水野下野守來、樽代三十疋送之云々、

五日　巳刻一條殿へ参同道申、織田弾正所へ樽代百疋被遣之、

十七日　今日武家御鷹山へ御成云々、弾正忠、三好左京大夫、松永右衛門佐等各参云々、次於武家櫻御馬場三川徳川之内衆馬共被乗、被御覧、予同祗候、五十疋、逸馬鞍具足以下驚目者也、見物之貴賤二萬人計有之、

廿五日　早旦誓願寺之内尾州苅屋水野下野守所へ、從禁裏為御使罷向、薫物十貝被遣之、吸物にて酒之有、

四月大

一日　今日於武家猿楽有之云々、御供衆御走衆等各烏帽子襖袴云々、信長以下外様衆、公家御相伴被参云々、信長無御相伴云々、観世五番、金春三番、以上八番有之云々、

十五日　晩景禁中御作事見舞、廊之上瓦葺大略了、内侍所之柱之榱事、白壁等大概出來、驚目者也、織田弾正忠奇特之沙汰、都鄙貴賤弾正言語道断、不可説々々々、

十九日　禁中御作事見舞之、織田弾正忠に親王御方結花枝被遣云々、仍為御禮被参、明

日出陣暇乞旁之儀也、
廿日　早旦弾正忠信長出陣見物、一條東へ坂本に令下、三萬計有之、自両三日以前直に若州へ罷越云々
廿三日　今日改元有之、
廿七日　一昨日於越前國合戦有之云々、信長衆千餘人討死云々、慥無注進之間不詳、
廿九日　信長自筆状到來云々、金之崎之城渡之間可作事、番匠、鍛冶、をか引等七十人計、可下之由有之云々、
江州へ六角出張云々、方々放火云々、北郡淺井申合、信長に令別心云々、仍越前濃州等へ通路無之云々、但越州よりは若州西路往還云々、
三十日　弾正忠信長亥下刻歸陣云々、

この上洛においても、水野信元についての記述が『言継卿記』に認められる。三月四日に樽代三十疋・子の藤四郎に同二十疋を届けたというものと、同二十五日に薫物十貝を届けたというものである。ここで信元の宿所が誓願寺であったことが窺える。

また、『言継卿記』には十七日「次於武家櫻御馬場三川徳川之内衆馬共被乗」とあり、三

河・遠江の二ヶ国の太守となった徳川家康の馬揃えを将軍家の馬場で行ったというのである。信長にとって大切な同盟者である家康の馬揃えであるというのに、『信長公記』にはそのことに関する記述が全くがない。

おそらく、信長にとって当面の取り組むべきことは、禁裏と将軍御所の造成のことと、越前の朝倉征伐に向けての準備のことであり、そのことで脳内が一杯一杯だったのであろう。

蛇足かも知れないが、『言継卿記』の十五日「晩景禁中御作事見舞、廊之上瓦葺大略了、内侍所之柱之榱事、白壁等大概出來、驚目者也、織田弾正忠奇特之沙汰、都鄙貴賤弾正言語道断、不可説々々々」について、私にはどのような意味なのか理解できないでいる。「言語道断」が現代のように悪い意味で使われている訳ではなさそうだが、どのような意味なのであろうか。

四月、北陸への山越えの道の雪解けを待って、信長は越前征伐へと出陣した。京から出発したというのは「官軍」であることを強調したかったからであろうか。

ひとつ重要な点は、廿三日の「今日改元有之」であるが、「元亀」「天正」「建正」「安化」「明和」などの候補から「元亀」が選ばれ、永禄十三年は元亀元年となった。元亀四年にはここで候補に挙がっていた「天正」に改元されることになるから、信長が京を不在にした機を狙って将軍足利義昭が改元を断行したもので、それに信長が強く不満を持つことになったのではないかと考えられる。

もうひとつ重要な点は、二十九日の「江州へ六角出張云々、方々放火云々、北郡浅井申合、信長に令別心云々……」である。浅井長政が信長を裏切って、越前に陣する信長の背後を脅かす行動に出たというのだが、その情報が京に届くのが異様に早過ぎるように思われるのである。それは越前の信長の陣を経由して京にもたらされたのではなく、近江から京へ直接もたらされたと考えられる。

このことは、第一次信長包囲網の成立時期や、これに足利将軍が核として加わっていたかどうかの考察につながる可能性があるので重要である。

三　水野兄弟！（後）～水野信元の失敗と水野忠重の逆襲～

水野信元の異母弟忠重が刈谷領を継ぐ

水野信元の異母弟忠重が三河の刈谷領を継いだのは天正八年（一五八〇）のことであった。『家忠日記』には九月二十三日「水野惣兵衛殿、かりや領上様より被下候て入城候、音信ニ人をつかハし候」とある。

ここでいう上様というのは織田信長のことであるが、単純に水野忠重や松平家忠が信長と主従関係にあったと解釈すべきではないと思われる。水野氏は忠重の父忠政や兄信元の代から織田氏や松平氏に従属に近い状況でありながら微妙に独立した国衆という立場をとってきており、天正八年の頃の忠重は遠江高天神城を武田氏から奪還すべく徳川の陣営に身を置いていたが、それも家康と主従関係にあったとは言い難いように思う。刈谷領を信長から与えられたとはいえ、織田の家臣という立場になったかは微妙であり、『信長公記』巻之十四には、天正九年が明けると「正月四日、横須賀之城爲御番手、水野監物・水野宗兵衛・大野衆、三首被指遣」とあり、高天神城の付城である横須賀の番手を命ぜられ、再び徳川の高天神城攻めの陣に加わっている。

それまでの三河刈谷領については、水野信元が天正三年（一五七五）に信長の命で誅殺されたあと織田の家臣佐久間信盛に恩給されていたが、今度は佐久間信盛が天正八年（一五八〇）八月に信長より十九条の折檻状を突き付けられて追放されたため、信元の旧領に忠重が復することになったのである。

十九条の折檻状について『信長公記』巻十三に記述されている。その最初の二ヶ条「父子五ヶ年在城之内に、善悪之働無之段、世間之不審無余儀子細共候、我等も思思あたり、言葉ニも難述之事」と「此心持之推量、大坂大敵と存、武篇ニも不構、調儀・調略道ニも不立入候て、居城之取出を丈夫に構え、幾年も送候へハ、彼相手長袖之事候之間、行々ハ信長以威光可退候条、去而加遠慮候歟、但武者道之儀可為各別、か様之折節、勝まけを令分別、遂一戦者、信長ため、且父子ため、諸卒苦労をも遁之、誠可為本意、一筋ニ存詰事、無分別モ未練無疑事」からは、信盛追放の理由は大坂本願寺攻めの総大将でありながら働きが悪かったからであるように解釈できそうである。

この大坂本願寺との戦いについては、天正八年（一五八〇）に朝廷の勅命もあって織田信長と本願寺の顕如は和睦をするが、それは顕如が石山本願寺から撤退するという事実上信長の勝利に近いものであった。信盛に十九条の折檻状がつきつけられるのは本願寺退去の直後の八月のことであるが、もし本願寺攻めの総大将としての怠慢が追放の理由なのであれば、その戦いの途中で更迭されるのが筋であり、戦いが終結してからというのは不自然である。一応でも勝利という形で戦争が終結したのに論功行賞がこのように行われたのでは、他方面で戦う諸将の士気に影響するのは必然であり、おそらく信長はそれを承知で、「丹波国日向守働、天下之面目をほとこし候、次羽柴藤吉郎、数ヶ国無比類、然而池田勝三郎、小身といひ、程なく花熊申付、是又天下之覚を取、以爰我心を発、一廉之働可在之事」「柴田修理亮各働聞及、一国を乍存知、天下取沙汰迷惑に付て、此春至賀州一国平均申付事」などと、明智光秀・羽柴秀吉・池田恒興・柴田勝家の名を挙げて、佐久間とは働きぶりが違うから折檻の対象ではないとわざわざ断っているのである。

そこまでして佐久間信盛を追放する理由は別にあったと考えるべきで、それは十九条の折檻状の後半の条の「小河・かり屋跡職申付候処、従前々人数も可在之と思候処、其廉もなく、剰先方之者共をは多分追出、然といへとも、其跡目を求置候へハ、各同前事候ニ、一人も不拘候時ハ、蔵納ニとりこミ、金銀になし候事、言語道断題目事」「一世之内、不失勝利之処、先年遠江へ人数遣候刻、互勝負有習無紛候、然といふとも、家康公之使をも有之条、をくれの上ニも兄弟を討死させ、又ハ可然内者打死させ候へハ、其身依時之仕合遁候かと、人も不審を可立に、一人も不殺、剰平手を捨ころし、世に有けなる面をむけ候儀、以爰条々無分別之通、不可有紛之事」から見えてくる。つまり、折檻の理由として、

①信長は水野信元を誅殺しその領地を奪って信盛に与えたが、信盛は与えられた緒川・刈谷領をうまく治められなかった

②三方ヶ原の戦いに援軍として参戦しながら遁走したことをはじめ、徳川家康に迷惑をかけた

の二点が特に重要なのではないだろうか。

まずは、①水野信元を誅殺して緒川・刈谷領を佐久間信盛に治めさせた件であるが、そもそも、信長が水野信元を誅殺したのは天正三年（一五七五）の暮れのことである。

誅殺の直接の原因となったのは、織田勢が美濃の岩村城を攻めたときに、信元が甲斐と密かに通じて城内に兵糧を提供したという疑惑で、これを佐久間信盛が信長へ讒言したともいわれている。

容疑のかかった信元は三河の岡崎へと逃れ、おそらく家康の仲裁による助命を願ったのであろう。しかし、十二月二十七日、大樹寺に隠れた信元を招き出し、それを岡崎の松応寺付近で待ち伏せした平岩親吉が討ち取った。親吉は信元の遺骸を抱き起こして嘆いたという。ここに家康が立ち合った可能性は低いと考えられるのは、元亀三年（一五七二）に武田方に奪われて以来の遠江二俣城を奪還して、敵将の依田信蕃を退去させたのが十二月二十四日であるからである。しかし、平岩親吉による信元殺害に家康の指示があった可能性は否定できない。

実際に水野信元は岩村城内に兵糧を提供したのかも知れない。岩村城の女城主おつやの方と信元の妻は叔母と姪の関係であるし、信元が政略結婚や婚姻の仲介に長けていたことを考えると、岩村遠山氏の分家である苗木遠山氏の娘と武田勝頼の縁組を仲介して武田氏との濃厚な関係を築いていたのかも知れない。おつやの方を妻に迎え岩村城主となっていた秋山虎繁と実際に通じていた可能性は否定できない。

信長の水野信元を誅殺した件については、岩村城内に兵糧を提供した事件より以前から、信長と信元の確執を生むような件が蓄積していたからと考えられるが、それは後述することとする。

次に、②佐久間信盛が三方ヶ原の戦いで援軍として参戦しながら遁走した件であるが、佐久間による徳川への迷惑はこの件に限ったことではない。

桶狭間の戦いにおいては、佐久間信盛が守将を務めた善照寺砦は、信長が進軍の途中で立ち寄り、そこで敵情を観察しつつ味方の参集を待ち攻撃態勢を整えるという、極めて重要な拠点としての役割を果たした。信盛は桶狭間の戦いにおける軍功第一は、今川本陣の位置を報せたとされる梁田出羽守や、義元に一番槍をつけた毛利新助や、義元の頸を獲った服部小平太などより、断然自分だと自負していたに違いない。一方の信長は、柴田勝家や佐久間信盛ら弟信勝の旧臣どもは非協力的で頼りにならないと不満に思っていたに違いない。信長と信盛の想いにギャップがあったと想像できる。

佐久間信盛は桶狭間の戦いでの活躍に対して恩賞があるべきと考えていたから、その翌年四月に三河の加茂郡へ勝手に進攻して領地を求めたのであろう。その当時の信長の優先課題は松平との同盟関係を築くことだったため、このような家臣らによる勝手な三河への進攻は迷惑だったが、それを制止できない事情があったのであろう。

信盛追放の前年である天正七年（一五七九）には信長が家康に命じて、家康の嫡男信康を切腹させ死に至らしめるという事件が発生した。家康が信康の不行跡を報告してきたときには、信長は「不及是非、家康存分次第」（『當代記』）と家康に処分を任せたのに、家康が信康を謹慎させて事後の報告をしてきた頃から、「此分ならバとても物にハ成間敷候間、腹をきらせ給へ」（『三河物語』）と切腹を命じる方向へ、態度を翻したのである。そこには、信長の周辺には「信康は武田と通じて謀叛を企んでいる」という噂が根強くあったと想像されるが、もしかすると信盛が中心になって噂を煽っていたかも知れない。

信康の切腹の事件の後、織田と徳川の関係は感情的に悪化していたであろうが、信盛が噂を煽ったのが事実かどうかは解らないが、信盛を悪者に仕立てて追放することで、織田と徳川の関係改善を図ったのであろう。

水野信元誅殺に至る信長と信元の確執増大の経緯を考察する

水野信元という人物は、織田と松平の同盟を斡旋したり、足利義昭を擁しての信長の上洛を演出するなど、政治的能力が極めて高かったと考えられるが、どうやらその反面、武将としての才覚には極めて乏しく合戦に出るということもほとんど無かったようなのである。そのような性格が信長に嫌われてしまったのかも知れない。

信元が戦を苦手としていたことが垣間見える史料は枚挙にいとまがない。

永禄六年(一五六三)から翌年にかけて起こった三河一向一揆に関する『三河物語』の記述のなかで、「然は佐崎之寺内え取出ヲ被成ケル所に、水野下野守殿雁屋寄、武具にて佐崎之取出え見舞に御越有、然処に土呂エ誉タル一揆衆、佐崎之取出之後ヅメトシテ、作岡・大平え働て焼立ル、佐崎にて御覧ジテ下野殿え被仰ケルハ、御貴殿ハ是寄御帰被成候え、我等ハ上和田ヲスグに取切申て、不被残打取可申候ト仰被ケレバ、下野殿ハ只、御無用ト仰ケレ供、兎角に御返リ被成候え、我等ハ急申トテ、早御馬に召ケレバ、是ヲ見捨て何トて返リ可申哉、其儀ナラバ御供申サントテ、一度に懸給ふ、上様之御タメにハ能御仕合成、敵之タメにハ浮雲成次第成」とある。
信元が陣中見舞いに来た様子について、わざわざ「武具にて」と言っているのは、信元が普段から甲冑など身につけない習慣だったからなのかも知れない、よほど違和感があったのであろう。「戦いに巻き込まれると申し訳ないから、早く帰ってください」と気を遣われる武将というのは、いかがなものであろうか。

元亀三年(一五七二)の三方ヶ原の戦いにおいて水野信元が遁走劇をやってのけたことは複数の史料からわかる。『信長公記』巻之五に三方ヶ原の戦いについて次のように記述されている。

(四) 味方か原合戦之事
是者遠州表之事、霜月下旬、武田信玄遠州二股之城取巻之由注進在之、則、信長公御家老之衆、佐久間右衛門・平手甚左衛門・水野下野守、大将として御人数遠州濱松に至参陣之處に、早二股之城攻落し其競に武田信玄堀江之城へ為打廻相働候、家康も濱松之城より御人数被出、身方ヶ原にて足軽共取合、佐久間・平手、初として懸付、互に人数立台既に一戦に取向、武田信玄水股之者と名付て三百人計眞先にたて、彼等にハつぶてをうたせて推大鼓を打て人数かゝり来ル、一番合戦に、平手甚左衛門、同家臣之者、家康公之御内衆成瀬藤蔵、

十二月廿二日、身方か原にて数輩討死在之、去程に信長公幼稚より被召使候御小姓衆、長谷川橋介・佐脇藤八・山口飛弾・加藤彌三郎、四人、信長公之蒙御勘當、家康公を奉憑遠州に身を隠し居住候らひし、是又一番合戦に一手にかゝり合、手前無比類討死也、爰に希代之事有様子者、尾州清洲之町人具足屋玉越三十郎とて年頃廿四五之者有、四人衆見舞として遠州濱松へ参候折節、武田信玄堀江之城取詰在陣之時候、定て此表可相働候、左候ハゝ可及一戦候間、早々罷帰候へと四人衆達而異見候へは、是迄罷参り候之處をはづして罷帰候ハゝ、以来口ハきかれましく候間、四人衆討死ならは同心すへきと申切不罷帰、四人衆と一所に切てまハり枕を並て討先也、家康公中筋切立られ、軍之中に乱れ入左へ付て、身方ヶ原のきし道之一騎打を退せられ候と、御敵先に待請支へ候、馬上より御弓にて射倒し懸抜御通候、是ならす弓之御手柄不始于今、濱松之城堅固に被成御拘、信玄者得勝利人数打入候也、

織田からの援軍として、「則信長公御家老之衆、佐久間右衛門・平手甚左衛門・水野下野守、大将として御人数遠州濱松に至参陣」と三人の大将の名があるのだが、いざ戦いとなると、「佐久間・平手、初として懸付」と佐久間・平手の名はあるのに水野の名はないのである。もしかすると、信元だけは三方ヶ原の戦場に向かわずに浜松城に籠城していたのかも知れない。

しかし、敗戦が決定的になると、『三河物語』には「水野下野殿は今切れを越てにげ給ふ」とあるし、『當代記』には「此時自信長加勢の衆佐久間右衛門、平手、水野下野守等也、平手は討死也、下野守は三河岡崎迄遁行、比興成躰也、大方信玄と可有一味企也と云々、経一両年、水野下野守は於三川國岡崎生害、是苅屋小川の主也、為家康母方の伯父也、下野守在所苅屋をは、弟水野宗兵衛召寄被下、近年宗兵衛は家康へ奉公之人也」とすらある。

どうやら、ろくに戦いもせずに逃げたということらしい。「天下布武」を掲げる信長にとって、このような体たらくは看過できないことであったに違いない。

織田の勢力が徐々に拡大して軍事力が強大化するにつれて、織田軍が敵と戦い討ち破った後、これを徹底的に殲滅し尽くすという方針がとられるようになった。水野信元の参加した戦いでその方針がとられたのが天正二年（一五七四）の河内長島の平定戦である。七月十三日に織田軍の攻撃が開始され、木曽川・長良川・揖斐川などに囲まれた輪中地帯の一向宗門徒たちは篠橋・大鳥居・屋長島・中江・長島の五つの城へと追い立てられて立て籠もった。

以下、『信長公記』巻之七にある記述を抜粋する。

諸手之勢衆、船中ニ思々之旗しるし打立、綺羅星雲霧之如く、四方より長島へ推寄、既諸口取詰られ、一揆致癈忘、妻子を引つれ〱長島へ逃入也、信長御父子との妙へ被成御移、伊藤か屋敷ニ近陣に御陣を居させられ、懸まハし御覧し、諸口之陣取被仰付、御敵城、しのはせ・大鳥居・矢長島・中江・長島、五ケ所へ楯籠、

しのはせ攻衆、

津田大隅守・津田市介・津田孫十郎・氏家左京亮・安藤平左衛門・飯沼勘平・浅井新八・水野下野守・横井雅楽助、

大鳥居攻衆、

柴田修理亮・稲葉伊予・同彦六・蜂屋兵庫、

今島に陣取、川手八大船を推付被攻候、為押之手、佐久間父子・江州衆を相加、坂手之郷ニ陣を懸られ、
長島之東推付之郷陣取衆、
市橋伝左衛門・不破彦三・丹羽五郎左衛門、
かろうと島口攻衆、
織田上野守・林佐渡守・嶋田所之助、
尾州衆之舟数百艘乗入、海上無所也、
南、大島口攻衆、
御本所公・神戸三七殿・桑名衆、
勢州之舟大船数百艘乗入、海上無所、諸手大鳥居・しのはせ取寄、大鉄炮を以て塀・櫓打崩被攻候之処、両城致迷惑、御赦免之御侘言雖申候、迚モ不可有程之条、佞人為懲干殺になされ、年来之緩怠・狼藉可被散御鬱憤之旨ニ而御許容無之処、
（略）
八月二日之夜、以外風雨紛に大鳥居籠城之奴原夜中涌出退散候を、男女千計被切捨候、
八月十二日、しのはせ籠城之者、長島ニ而御忠節可仕之旨申上之間、一命をたすけ長島

へ被追入、御本所御手柄共也

（略）

今度長島長陣之無覚悟、取物も不取敢、七月十三日に、島中の男女貴賤不知其数、長島又は屋長島・中江、三ヶ所へ逃入候、既三ヶ月相拘候間、過半餓死仕候、

九月廿九日、御理申、長島明退候、あまたの舟に取乗候を、弓鉄炮を揃打せられ、無際限川へ御切逐、其中心有者ともはたかに成、抜刀計ニ而七八百切而懸り切崩、御一門を初奉り歴々数多討死也、御本陣小屋〳〵へ乱れ入、思程したく仕而それより川を越、多芸山・北伊勢口へ、散々ニ罷退候也、中江城・屋長島両城幾重も堀柵を付、取籠に、被置候者二万計、火被付焼籠に被仰付、達御存分、

九月廿九日、岐阜御帰陣珍重〳〵、

水野信元は篠橋城攻めの軍勢に組み込まれて参戦したことが記述されている。

特異に感じられるのは、凄惨な皆殺し作戦が展開された中で、篠橋城に籠城した一揆衆たちだけは、一命を助けて他の城に逃げ込ませていることである。水野信元が目の前で大殺戮が行われることを見るに堪えず、篠橋城に籠城する一揆衆を逃がしたものと、私は信

じたい。ただし、このことは、織田軍における武将としての資格を放棄したと見做される行動になってしまったのではないだろうか。

その翌年の天正三年（一五七五）の長篠の戦いにも水野信元は参加している。『信長公記』巻之八に長篠の戦いの記述があるが、そこには信元の名は登場してこない。

（四）三州長篠御合戦之事

五月十三日、三州長篠後詰として信長御父子御馬を出され、其日熱田に御陣を被懸、当社八剣宮癈壊無正躰を御覧し、御造営之儀御大工岡部又右衛門ニ被仰付候キ、五月十四日、岡崎に至而御着陣、次日御逗留、十六日、牛窪之城御泊、当城為御警固丸毛兵庫・福田三河守をかせられ、十七日、野田原ニ野陣を懸させられ、十八日推詰、志多羅之郷極楽寺山に御陣を居させられ、菅九郎殿新御堂山に御陣取、志多羅之郷ハ一段地形くぼき所ニ候、敵かたへ不見様に段々ニ御人数三万計被立置、先陣ハ国衆之事ニ候間、家康公ころミつ坂之上、高松山に陣を懸させられ、滝川左近・羽柴藤吉郎・丹羽五郎左衛門両三人左へ付て、同あるミ原へ打上、武田四郎に打向、東向に備られ、家康公・

滝川陣取之前ニ馬塞之為、柵を付させられ候、彼あるみ原ハ、左ハ鳳来寺山より西へ太山つゝき、又右ハとびの巣山より西へ打続きたる深山也、岸をのりもと川、山ニ付て流れ候、両山北南之あハひ纔に卅町ニハ不可過、鳳来寺山之根より滝沢川、北より南のりもと川へ落合候、長篠ハ南西ハ川にて平地之所也、進こと円通寺山ニ陣取、長篠を見下し金ほりを入、既ニ之丸へほり入候を、引退塀を付直し被相拘、五日十日之内ニハ可為落去様躰、難儀之仕合也、去而武田四郎川を前ニあて、とびの巣山に取上居陣候ハゝ、何共不可成候を、長篠へハ攻衆七首差向、武田四郎滝沢川を打越、あるミ原三十町計踏出シ、前ニ谷をあて、甲斐、信濃、西上野之小幡、駿河衆、遠江衆、三州之内つくで・だミね・ぶせら衆を相加、一万五千計十三所に西向に打向備、互に陣之あハひ廿町計ニとり合候、今度間近く寄合候事、与天所候間、悉可被討果之旨、信長被廻御案、御身方一人も不破損之様に被加御思慮、坂井左衛門尉被召寄、家康公御人数之内、弓・鉄炮可然仁を召列、坂井左衛門尉為大将二千計、并御馬まハリ鉄炮五百挺、金盛五郎八・佐藤六左衛門・青山新七父子・賀藤市左衛門、為御検使弓被相添、都合四千計ニ而、
五月廿日戌刻、のりもと川を打越、南之深山をまハり、長篠之上鳶巣山へ、
五月廿一日辰刻取上、旗首を上、鯨波を上、数百挺之鉄炮を放懸、責衆を追払、長篠へ

一手ニ成、敵陣之小屋〱焼上候、籠城之者忽運を開、七首之攻衆案之外之事候間致癈忘、鳳来寺さして致敗北、信長ハ家康公陣所に高松山とて小高キ山之御座候に被取上、御敵之働を御覧シ、御下知次第可仕之旨被仰含、鉄炮千挺計、

佐々内蔵佐・野々村三十郎・前田又左衛門・塙九郎左衛門・福富平左衛門、

為奉行近々と足軽懸られ御覧候、前後より攻られ、御敵も人数を出し候、

一番、山県三郎兵衛、推太皷を打而懸り来候、鉄炮を以而散々ニ打立られ引退、

二番、正用軒入替、懸れ者退、のけ者引付、御下知之如く鉄炮ニ而過半うたれ人数打入候也、

三番に西上野小幡一党、赤武者にて入替りかゝり来候、関東衆馬上の功者にて、是又馬可入行ニ而、推太鼓を打而懸り来、人数を備候こなたハ身隠をし而、鉄炮にて待請うたせられ候へハ、過半被打倒無人ニ成て引退、

四番、典厩一党黒武者ニ而懸来候、如此御敵入替候へ共、御人数一首も御出なく、鉄炮計を相加、足軽にてあひしらひ、ねり倒され、人数を討せ引退候也、

五番、馬場美濃守、推太皷ニ而かゝり来、人数を備、右同前ニ勢衆うたせ引退也、

五月廿一日、日出より寅卯之方へ向て未刻まて入替〱相戦、諸卒をうたせ、次第〱

二無人に成而、何れも武田四郎旗元へ馳集、難叶存知候歟、鳳来寺さして墮と致癈軍、其時前後之勢衆を乱し追せられ、

凡討捕頸之注文

山県三郎兵衛・西上野小幡・横田備中・川窪備後・さなた源太左衛門・土屋宗蔵・甘利藤蔵・杉原日向・なわ無理介・仁科・高坂又八郎・奥津・岡辺・竹雲・恵光寺・根津甚平・土屋備前守・和気善兵衛・馬場美濃守

中にも馬場美濃守手前之働無比類之由候、此外宗徒之侍・雑兵一万余討死也、或山へ逃上飢死、或橋より落され川へ入、水におほれ無際限、武田四郎秘蔵之馬、小口にて乗損し候、一段乗心無比類駿馬之由候て、信長御厩に被立置、三州表之儀被仰付、五月廿五日、岐阜御帰珍重〱、今度之競に家康公駿州へ御乱入、国中焼払御帰陣、遠州高天神之城、武田四郎相拘候、家康公御取詰候間、落居不可有幾程、岩村之城、秋山為大将、甲斐・信濃人数楯籠候、直に菅九郎殿御馬をよせられ、御取巻候間、是又可為落着事勿論候、

三・遠両国被仰付、家康公年来之開愁眉被達御存分、昔もか様に御身方無恙被破損強敵様無之、武勇之達者武者之上之ほうか也、宛如照日輝消朝露、御武徳者惟車輪也、被欲

揚御名後代、数ヶ年者山野海岸を住家とし而甲冑を枕とし、弓箭之為本意業打継、御粉骨無尽期之躰、中々申モ愚候、

織田・徳川連合軍が築いた馬防柵に、武田軍が一番から五番まで波状攻撃の如く攻めかかった様子が描かれるが、『甲陽軍鑑』には「右は馬場美濃、二番に真田源太左衛門・同兵部介、三番に土屋右衛門尉、四番に穴山、五番に一条殿、以上五手、左は山県を始めて五手、中は内藤これ五手」とあるから、『信長公記』の記述は、そのうちの「左は山県を始めて五手」の部分のことであろう。

水野信元が布陣したのは、「滝川左近・羽柴藤吉郎・丹羽五郎左衛門両三人左へ付て」よりもさらに左、武田軍から見て右だったと考えられる。

ところで、織田信長が出馬して設楽ヶ原に向かうまでの行程であるが、『信長公記』の「五月十四日、岡崎に至而御着陣、次日御逗留」に対して、『三河物語』は「然る所に、信長御出有而、先手之衆ハ、はややはた、市之宮、ほん野ヶ原に陣をとれバ、城之介殿ハ、岡崎へ付かせ給へバ、信長ハ池鯉鮒へ付せ給ふ」と微妙に異なる。

信長は池鯉鮒で時間を割いているらしいのだが、その理由は水野信元と作戦の打ち合わせをしたためとしか考えられなくはないか。信元としては、武田軍の猛攻にさらされている長篠城を救出するために信長の出馬を要請したのであり、織田軍の動員する人数や装備する鉄炮など圧倒的な軍事力を示威することによって、武田軍を撤退させればよいという考えだった。一方の信長は、設楽ヶ原まで軍を派遣する以上は武田軍と戦って戦果を挙げることを求めた。信元がたてた作戦を信長が変更し尽くしたのであるが、そのうちに信長の心のなかに信元は使えない奴だという侮蔑の念が生じていったのであろう。

高天神城の奪還作戦

水野信元の異母弟忠重が三河の刈谷領を継いだのは天正八年（一五八〇）、忠重がそれまで身を置いていた徳川家康の陣営は遠江高天神城を武田氏から奪還すべく、小笠山砦・能ヶ坂砦・火ヶ峰砦・獅子ヶ鼻砦・中村砦・三井山砦の六砦を築きそれを塀・堀で繋ぎ合わせるようにして高天神城を取り囲んでいた。

水野忠重はその戦場を嫡男勝成に任せて離れたが、天正九年（一五八一）正月四日、信長より横須賀城の番手を命ぜられ、再び戦場に戻ってきた。

その後、忠重は遠江の家康と安土の信長との連絡をとる役割を担っていたようである。

「切々注進状被入情之段、別而祝着候、其付城中一段迷惑候躰、以矢文懇望之間、近々候歟、然者命を於助者寂前ニ瀧坂を相副、只今ハ小山をそへ、高天神共三ヶ所可渡之由、以是慥意心中令推量候、抑三城を請取遠州内無残所申付、外聞実儀可然候歟、但見及聞候躰者、以来小山を始取懸候共、武田四郎分際にてハ重而も後巻成間敷候哉、以其両城をも可渡と申所毛頭無疑候、其節ハ家康気遣諸卒可辛労処、嘆敷候共、信長一両年内ニ駿甲へ可出勢候条、切所を越、長々敷弓矢を可取事、外聞口惜候、所詮号後巻敵彼境目へ打出候ハヽ、手間不入実否を可付候、然時者両国を手間不入申付候、自然後巻を不構、高天神同前ニ小山・瀧坂見捨候ハヽ、以其響駿州之端々小城拘候事不実候、以来気遣候共、只今苦労候共、両条のつもりハ分別難弁候間、此通家康ニ物語、家中之宿老共にも申聞、談合尤候、これハ信長思寄心底を不残申送者也、

正月廿五日　　信長

水野宗兵衛とのへ」という書状がのこされている。信長の近々甲州を征伐するという強い意欲を示し、武田軍が高天神城から降伏撤退を望んでいるが認めてはならないということ

とを家康に伝えるように忠重に求めている書状である。
この作戦の結果、兵糧の尽きた高天神城に籠城していた武田軍は玉砕ともいえる突撃に討って出た。その時の様子は、水野勝成が後年幕府に提出した『水野勝成覚書』に記述がある。

高天神御はたらきの時、本田中書・鳥居彦右衛門両人ハ、城よりあしかる出し候を押こみ、ひぢかたと申くるわへつき被申候、拙者おやこハほつちかねと申くるわへつき申候、ほちかねを二の丸へ押こみ候時、拙者もの清水治右衛門・山本市作二人討死仕候、ごんだ兵八郎と申もの少手負申候、是ハ権現様より御つけ被成候同心のものにて御座候、其時拙者同前にほちかねと申くるわまて参り候ハ、是三人のものならてハ御さなく候、大須加五郎左衛門ハまとはかまへへつき申され候、城へのりこみ候事ハ中々不罷成引申候、其以後城をとりまき、城廻りにさく・ほり・へいをつけ候へハ、城中兵糧につまり切て出候へとも、へい・さくのきわにて皆うち申候、城主ハ岡部丹波・あいき・栗田刑部・善光寺のもの・横田・其外あまた候へとも名を不存候、岡部丹波ハ大久保七郎右衛門内本田八蔵と申ものゝ弟うち申候、横田ハ大須加五郎左衛門・大久保七郎右衛門さかいめ

のさくをきりぬきとをり申候

文中に「拙者おやこ」とあるので、当初は忠重・勝成の父子で参陣していたのであろう。忠重が刈谷領を継ぐことになって途中で陣を離れたので、勝成だけが残ったようである。以下の『三河物語』の記述からは、勝成が年若かったので名代をつけていたことが窺える。

然間天正八年庚辰の八月寄高天神へ取寄給ひ而、四方にふかくひろくほりをほらせ、たかどいをつき、たかべいをかけ、土へいには付もがりをゆひ、ほりむかひには、七重八重に大柵を付させ、一間に侍一人づつの御手あてを被成、きつても出バ、其上に人をまし給ふ御手だてを被成ければ、城中寄ハ鳥もかよはぬ計成。うしろには後づめのためと被成而、ひろくふかく、大ほりをほらせ給ひ而、城之ごとくに被成けれ共、何としてこもり申候哉。さぎ坂甚大夫と申者が入而、又出たると申たり。然るとハ申せ共、林之谷と申ハ、山高くして可出様もなし、たとへ出たると云共、行さきは國中其外、おがさ、懸河、すハの原、南ハ大坂、よこすかには上様之御座候へバ、出て行べきかたもなし。然間陣之可取らいもなければ、大久保七郎右衛門うけとりなれ共、はるかにへだたりて、とほくに陣を取、上寄之御諚には、とても林之谷へ出る事ハあらじ、然者時の番之者を、六人づつ指置申せと御諚成。然間、天正九年辛巳三月廿二日之夜之四ツ時分に、ふたてにわけてきつて出る。あすけ、尾原、石河長門守之をちくちハ、いりゑの様成處なれバ、城寄是を、よわ見と思て、きつて出けれバ、間ハほりなれバ、それへことごとくかけ入ければ、三方より指はさみて打ける間、ほりいつぱい打ころして、夜明て頸をバ取。岡邊丹波と横田甚五郎者、林之谷へ、大久保七郎右衛門手へ出る。番之者六人指越候へとハ御意なれ共、七郎右衛門ハ大久保平助に相そへて、こゝはの者を十九騎指越ける。然間、城の大将にて有ける岡邊丹波をばゞ、平助が太刀付而、寄子の本田主水にうたせけり。丹波となのりたらバ、より子にハうたせまじけれ共、なのらぬうへ成。其場にてことごとく、五三人づゝハ打けれ共、せいきもきれて皆打とめる事ハならず。然處に、七郎右衛門所より、はやすけてきたりけれ共、はやことおハりぬ。然處に、石河長門守、あすけ、尾原之手にて打もらされ共が、又まつくろに来りて、水野日向守手をやぶりけるが、其時ハ日向守ハ年若くして、御旗本につめられて、名代として、水野太郎作と、村越與惣左衛門がいたりしが、出而ふせがす。七郎右衛門とならびなれバ、すけ合之者共かけきたれバ、ふせぎておふかた討取。

水野勢の陣が武田勢に破られたが、勝成は逆に敵勢に攻め込んでいて自陣を防禦しようとはしなかったというのである。勝成は後年「鬼日向」という異名をとるほどに、もはや伝説ともいえるような戦働きをした武将であるが、ほとんど初陣というべき高天神の戦いでその片鱗を見せつけるような戦い振りである。勝成の戦歴について簡単に紹介すると以下のとおり。

・黒駒合戦
天正十年（一五八二）に徳川と北条が甲斐・信濃で争った天正壬午の乱で、北条が甲斐郡内に繰り出した別動隊を、鳥居元忠らとともに撃破。

・白山林の戦い
天正十二年（一五八四）に徳川が信長の二男織田信勝を扶けて羽柴と争った小牧・長久手の戦いで、池田元興・森可成らが秀吉の甥三好秀次を主将にたて岡崎へと中入りした時、水野勢らが先鋒となり白山林で敵主力を撃破。

・道明寺の戦い
慶長二十年（一六一五）の大坂夏の陣で、大和口先鋒となった水野勢は、敵の虚を突いて河内国分を越えて進軍。豊臣方先陣後藤基次は後陣真田幸村と引き離され孤軍奮闘するも討死。真田は伊達政宗と遭遇戦を戦う。

・天王寺口の戦い

道明寺の戦いの翌日、水野勢は船場口から出撃してきた明石全登の隊を撃破して、天王寺口からではなくそのまま船場口から廻り込んで大坂城内に攻め入ったのであろうか。本丸桜門に一番旗を立てる。

後に備後福山藩を立藩して名君とされた人物であるから、ぜひＮＨＫ大河ドラマの主人公に抜擢してもらいたいと思う。

高天神城攻防戦のように敵城を完全に包囲して兵糧が尽きるのを待つ戦い方を「干殺し」という。忠重宛信長書状の「自然後巻を不構、高天神同前ニ小山・瀧坂見捨候ハヽ、以其響駿州之端々小城拘候事不実候」からは、干殺しされる高天神城を見捨てるしかできない勝頼に対する駿河の国衆らの求心力を損なわせる効果を、信長は期待しているということが解る。

同じ天正九年（一五八一）に、羽柴秀吉がとった攻城作戦に「飢殺し」といわれるものがあり、『信長公記』巻之十四にその記述がある。

（十二）因幡國取鳥果口之事

今度因幡國とつ鳥一郡之男女悉城中へ逃入楯籠候、下々百姓以下長陣之無覚悟候之間、即時に及餓死、初之程者五日に一度三日に一度鐘をつき鐘次第雑兵悉柵際迄罷出、木草之葉を取中にも稲かぶを上々の食物とし、後にハ是も事候盡て牛馬をくらひ、霜露ニうたれ弱者餓死無際限餓鬼の如く痩衰ヘタル、男女柵際へ寄、悶焦引出扶候へとさけび叫喚の悲しみ哀成有様目も當られす、以鉄砲打倒候へハ、片息したる其者を人集、刀物を手々に持て續節を離ち實取候キ、身之内にても取分頭能あぢハひ有と相見えて、頸をこなたかなたへ奪取逃候キ、兎ニ角ニ命程強面物なし、然共依義失命習大切也、城中より降参之申様、吉川式部少輔・森下道祐・日本介、三大将之頸を取可進之候間、残党扶被出候様ニと詫言申候間、此旨信長公へ伺被申處、無御別義之間、則羽柴筑前守秀吉同心之旨城中へ返事候之處、不移時日腹をきらせ三大将之頸持来候、

十月廿五日、取鳥籠城之者扶被出、餘に不便ニ被存知、食物與へられ候へハ、食にゑひ過半頓死候、誠餓鬼之如く痩衰へて中々哀成有様也、取鳥相果城中普請掃除申付、城代

に宮部善祥坊入置訖、

羽柴秀吉が因幡の鳥取城攻めでとった作戦であるが、「此旨信長公へ伺被申處」とあるので、その作戦の背景には信長の意向が大きく働いていたであろう。

このような残酷な攻城作戦は、それを救援できない敵の主君の求心力を低下させる効果もあるが、その作戦を実行する武将とそれを命令する主君との関係も破壊するのであろう。私個人的には、日本の戦国時代の小説よりも、吉川英治の『三国志』や司馬遼太郎の『項羽と劉邦』など中国を舞台にした歴史小説を早くから読んでいた。『項羽と劉邦』は、戦うたびに項羽の楚軍が劉邦の漢軍を圧倒して、漢軍は逃げ惑うばかりであった。項羽は戦いに勝利して占領した都市で虐殺などを繰り返したため徐々に人望を失っていき、最後には逃げ惑ってばかりいたはずの漢軍はじめ諸国の連合軍が項羽の楚軍を垓下に包囲する。現代の私でも何度も物語を読んで知っているのだから、戦国時代の武将たちが熟知していて当然であっただろう。

高天神城の干殺しにしろ、鳥取城の飢殺しにしろ、籠城方が地獄ならば攻城方にとっても地獄のような想いであったに違いない。戦争というものは勝者も敗者もなく誰をも幸福にはしないものなのであろう。

甲州征伐

干殺しにされた高天神城を後詰できずに見捨てるしかなかった武田勝頼は、国衆の求心力を急激に低下させて離反を招き、高天神城の落城の僅か一年後の天正十年（一五八二）に武田氏滅亡の時が訪れた。

伊那口から織田軍、駿河口から徳川軍、その他の方面から甲州征伐の軍勢が進み入ったことが、『信長公記』に「二月三日、信長公諸口より可出勢之旨被仰出、駿河口より家康公、関東口より北条氏政、飛騨口より金森五郎八、為大将相働、伊奈口、信長公・三位中将信忠卿、二手に分而可為御乱入旨被仰出候也」とある。

伊那口から攻め入った軍勢については、「二月十二日、三位中将信忠卿御馬を被出、其日土田に御陣取、十三日高野に御陣を懸させられ、十四日に岩村に至て御着陣、滝川左近・河尻与兵衛・毛利河内守・水野監物・水野宗兵衛、被差遣」とあり、水野勢として忠重は常滑の水野守隆とともに参陣したことがわかる。

ところが、高天神城の攻防では鮮烈な登場を果たした水野勝成について、この甲州征伐に参陣したことを記す史料を見出すことができない。父忠重とともに伊那口からの織田軍に参陣したのではなく、父とは離れて駿河口からの徳川軍に参陣した可能性が高そうに思われるのは、この甲州征伐の四ヶ月後の天正壬午の乱で徳川軍は再び甲州に出陣するが、その時に勝成は父忠重の同伴なしで参加しているからである。

武田勝頼はじめ残っていた一族が天目山の戦いに敗れ全員切腹或いは討死を果たしたのが三月十一日、武田氏は滅亡した。

信長は帰途に就くにあたって駿河へ南下して東海道を西上するという行程をとることにした。信長は今まで富士山というものを眺めたことがなかったので、是非とも駿河から富士山を愛でながら旅をしたいと思ったのである。この行程は論功行賞により新しく徳川の領土となった駿河をはじめ、遠江・三河を通るもので、信長は家康に接待を求めることで親睦を深めようと考えたのかも知れない。家康も気を遣って道中先廻りをして、河川には舟橋を架けて宿所には屋形を立てて道々には休憩所を設けて食事を提供するなどして接待をした。その様子を『信長公記』巻之十五から一部抜粋をしてみる。

四月十七日、浜松払暁ニ出させられ、今切之渡り、御座船飾、御舟之内ニ而一献進上申さるゝ、其外御伴衆舟数余多寄させて、前後に舟奉行付被置、無由断こさせらる、御舟御上なされ、七・八町御出候て、右手ニ浜名の橋とて卒度したる所なれ共、名にしおふ名所也、家康公御家来渡辺彌一郎と申仁、こざかしく浜名の橋・今切之由来、舟方之子細、条々申上ニ付而、神妙ニ思食、黄金被下、手前之面目也、塩見坂ニ御茶屋立置、それ〳〵及御普請候て、一献進上候なり、及晩雨降吉田に御泊、

四月十八日、吉田川乗こさせられ、五位ニ而御茶屋美々敷被立置、面ニハ結構ニ橋を懸させられ、御風呂被立、珍物を調一献進上、大形ならぬ次第也、何れも前後御茶屋ハのし葺也、御結構一々難記、本坂・長沢皆道山中ニ而惣別石高也、今度岩をつき砕かせ、石を取退、平地に被仰付、爰に山中之宝蔵寺、御茶屋構て、老若僧衆罷出、御礼申さるゝ、正田之町より大比良川こさせられ、岡崎城之腰むつた川・矢はき川ニハ、是又造作ニ而橋を懸させ、かち人渡し申さるゝ、御馬共ハ乗こさせられ、矢はきの宿を打過、池鯉鮒ニ至而御泊、

水野宗兵衛、御屋形を立而御馳走也、

四月十九日、清洲まで御通、
四月廿日、岐阜へ被移御座、

この行程については、『家忠日記』にも書かれているので照合しておきたい。

十六日甲辰、浜松迄御成由候、
十七日乙巳、吉田迄御成候、雨降、
十八日丙午、池鯉鮒迄御成之由候、

松平家忠は十七日に御一行が吉田に着くのを出迎えて、翌十八日に送り出して別れ、御一行は池鯉鮒まで行ったということであろう。

信長が池鯉鮒に宿した四月十八日は、忠重が屋形を立てて接待をしたとある。翌日には信長は尾張に入り家康は浜松に帰ったので、信長と家康のともに過ごす最後の夜になったはずである。

信長はこの旅程のどこかで、甲州征伐の慰労とその帰路での接待の礼を兼ねて、家康を後日安土城に招待することを約束したであろう。

安土饗応

信長の接待を受けるために徳川家康の一行は、五月八日に浜松城を出発して、五月十五日に安土城に到着した。

家康に随行していた供廻は酒井忠次・石川数正・本多忠勝・井伊直政・榊原康政・服部正成ら三十四人。これに武田の遺臣穴山梅雪を伴っていた。

明智光秀を接待役とした安土饗宴の最中、折しも備中より羽柴秀吉から援軍の要請がきたことは、『信長公記』巻之十五にも記述がある。

（廿五）家康公穴山梅雪御上洛之事

信長公當春東國へ御動座被成、武田四郎勝頼・同太郎信勝・武田典廐、一類歴々討果、被達御本意、駿河・遠江両國、家康公へ被進其為御礼、徳川家康公並穴山梅雪、今度上國候、一廉可有御馳走之由候て、先皆道を被作所々、御泊〳〵に國持・郡持大名衆、罷出

候て、及程結構仕候而、御振舞仕候へと被仰出候々也、
五月十四日、江州之内ばんば迄　家康公・穴山梅雪、御出也、惟住五郎左衛門ばんばニ仮殿を立置、雑掌を構、一宿振舞申さるゝ、同日に、三位中将信忠卿、御上洛被成ばんば御立寄、暫時御休息之處、惟住五郎左衛門、一献進上候也、其日、安土迄御通候キ、五月十五日、家康公ばんばを被成御立、安土ニ至而御参着、御宿大寶坊可然之由、上意ニ而御振舞之事、維任日向守に被仰付、京都堺にて調珍物生便敷結構にて、十五日より十七日迄三日之御事也、

（廿六）羽柴筑前守秀吉備中国城々被攻事

中國備中へ、羽柴筑前守相働、すくも塚の城あら〳〵と取寄攻落数多討捕、並ゑつたか城へ又取懸候處、降参申罷退高松之城へ一所に楯籠也、又高松へ取詰見下、雲津川・ゑつた川両河を関切、湛水々攻に被申付候、藝州より毛利・吉川・小早川、人数引卒し対陣也、信長公此等趣被及聞食今度間近く寄合候事、與天所候間被成御動座、中國之歴々討果、九州まて一篇ニ可被仰付之旨、上意ニ而、堀久太郎御使とし而、羽柴筑前かたへ條々被仰遣、維任日向守・長岡與一郎・池田勝三郎・塩河吉大夫・高山右近・中川瀬兵衛、為先陣可出勢之旨被仰出則御暇被下、

五月十七日、維任日向守、安土より坂本ニ至而、帰城仕、何れも〳〵同事ニ本國へ罷帰
候て、御陣用意候也、

現代の私たちが物語として知っている安土饗応の出来事が後世の創作だという説がある。安土饗応自体は史実を疑うものではないので、

①明智光秀が接待係となって徳川家康とその一行に料理を振舞った
②家康の嗜好に合わず食べられない料理があった、或いはその料理は新鮮さを欠いていた
③信長がそのことに激怒した。暴力に訴えて光秀を懲らしめた
④光秀の接待係の任を解いて、中国筋への出陣の準備を命じた
⑤そのことで恨みを抱いた光秀が本能寺の変を起こした

の五段階に分けて、どこからどこまでが史実で、どこからどこまでが創作なのか、丁寧に検証したほうがよいであろう。

明智光秀が京都・堺で調達した珍しい食材などで心尽くしの接待をした料理については、『続群書類従』にその一部が収録されている。五月十五日の最初の献立については、

本膳　蛸・鯛の焼き物・菜汁・鯉のなます・香の物・鮒の寿司・御飯、
二膳　鮎のうるか・宇治丸・ほや冷や汁・ナマコの太煮・かいアワビ・鱧・鯉の汁、
三膳　キジの焼き鳥・山の芋鶴の汁・かさめ（ワタリガニ）・ニシ・すずき汁、
与膳　巻きするめ・鴫つぼ・鮒汁・シイタケ、
五膳　まな鰹の刺身・生姜酢・ゴボウ・鴨汁・削り昆布、御菓子　羊皮餅・まめ飴・美濃柿・花に昆布・から花
であったという。
この献立の中で、二膳にある宇治丸というのは、宇治川で獲れた鰻の料理のことであるらしく、私個人的には食欲をそそられる。しかし、本膳にある鮒の寿司というのは琵琶湖周辺で郷土料理として伝わるなれ寿司のことらしく、私個人的には食したことがないが、噂によると大変なものらしい。また、二膳にあるほや冷や汁というのも、私個人的には食べられる自信が持てない。②家康の嗜好に合わず食べられない料理があったというのは、史実である可能性が極めて高いのではないか。
もしかしたら、③信長がそのことに激怒した可能性もあるが、暴力に訴えて光秀を懲らしめたということになると後世の創作である可能性が高いであろう。④光秀の接待係の任

を解いて、中国筋への出陣を命じたのは史実であると信じられているが、予定の変更があって途中で接待係の任を解かれたものなのか、接待係は最初から十五日までの予定だったものなのかが問題であるという。

光秀の接待役が解かれた後も、饗応は続いている。一方で光秀は、愛宕山に参詣し、有名な「愛宕百韻」を結ぶ。

五月廿日、惟住五郎左衛門・堀久太郎・長谷川竹・菅屋玖右衛門、四人に徳川家康公御振舞之御仕立被仰付、御座敷ハ高雲寺御殿、家康公・穴山梅雪・石河伯耆・酒井左衛門尉、此外家老之衆御食被下、忝も信長公御自身御膳を居させられ御崇敬不斜、御食過候て、家康公御伴衆上下不残安土御山へ被召寄、御帷被下御馳走申計なし、

五月廿一日、家康公御上洛此度京都大坂奈良堺御心静ニ被成御見物尤之旨、上意ニ而為御案内者、長谷川竹被相添、織田七兵衛信澄・惟住五郎左衛門両人は大坂に而、家康公之御振舞申付候へと被仰付、両人大坂へ参着、

五月廿六日、維任日向守中國へ為出陣、坂本を打立、丹波亀山之居城に至参着、次日廿七日に亀山より愛宕山へ仏詣、一宿致参籠、維任日向守心持御座候哉神前へ参、太郎坊

之御前に而二度三度迄鬮を取たる由申候、廿八日西坊ニ而連歌興行、

発句　維任日向守

ときは今あめか下知る五月哉　光秀

水上まさる庭のまつ山　西坊

花落る流れの末を関とめて　紹巴

か様に百韻仕、神前に籠置、

五月廿八日、丹波国亀山へ帰城、

連歌師紹巴について、『信長公記』ではこの場面にしか登場してこない。それだからこそ、なぜこの場面であえて登場したのか考察する必要があるであろう。

ちなみに『川角太閤記』には「太閤様天下御取候て後、此発句の次第被聞召、紹巴へ御意にはか程の事なりたる儀に候処、惟任の悪人にくみし候事不似合儀とて御しかり被成候へば、江州三井寺へ山林候而罷居候、後は赦免にて被召出候」とあり、紹巴は秀吉に事後に叱られたということである。

本能寺の変を起こした明智光秀の動機については、諸説が百出しているようである。私なりに箇条書きにしてみると、

①怨恨説　甲州征伐で折檻を受け欄干に頭をぶつけられたり、安土饗応での失敗を叱責されて足蹴にされたことへの私怨から

中国攻めの援軍に赴くにあたり、毛利領の石見・出雲の二ヶ国を与えると約束されたが、それは丹波・近江の旧領の没収を意味することへの悲観から

②野望説　自分が信長にかわって天下を獲りたいという野望から

③黒幕説

朝廷説　三職推任を拒まれ、信長に帝位簒奪の野心ありと見做した

将軍説　備後鞆からの帰還を果たすため

四国説　長宗我部征伐を阻止させるため

羽柴説　次の天下人になったため、誰が得をしたかという結果論から

徳川説　築山殿事件からの怨み、安土饗応の当事者でアリバイがない

毛利説　羽柴による中国攻めにより窮地に陥っていて、これを打開するため

その他　イエズス会説、本願寺説など

のように分類されているといえるであろう。

私の持論は、①怨恨説のうちの悲観論に近いが、①～③のどれでもない。

以下、かなり私個人の妄想に近いものが展開していくことをご承知いただきたい。

私の直観では、中国筋で毛利勢と対陣している羽柴秀吉であるが、織田から離反し毛利に寝返っていたと解釈している。その先入観を大切にしながら、秀吉の備中における行動を読み解いていきたい。

備中高松城の水攻め～中国大返しの謎～

羽柴秀吉による備中高松城の水攻めと中国大返しについて考察してみたい。江戸時代に書かれた『川角太閤記』などでは、本能寺の変ばかりに内容が割かれていて、肝心の秀吉が備中でどうしていたか殆ど書かれていないので、現代の小説に頼ってみたい。昭和の文豪の小説を勝手に要約など試みるのは大胆過ぎるのではないかという批判もあろうが、ご容赦願いたい。

まずは、吉川英治の小説『新書太閤記』である。

境目七城のひとつ備中高松城の清水宗治への招降の儀が不調に終わり、いよいよ侵攻を目論んで羽柴勢が謀議するに、高松の城から西北三里余に足守という町があり、足守の裏山に宮城山があり乃美元信が兵五百余で立て籠もっており、宮路より少し東に冠山城があり林重真が兵数三百五〜六十で守備している。高松の主城は、平常六〜七百の兵力しかないが毛利方の末近左衛門が約二千で来援し、城下の農民らを悉く収容しているので五〜六千になる。高松から半里ほど東南に加茂城があり桂広繁が兵約千人で、さらに山陽道を隔て半里先の日幡城には日幡景親が兵約千人で守備している。南松島城には梨羽中務丞が兵八百で、なお一里程先の南庭瀬城には井上有景が千人をもって守りを固めている。

三月の半ば頃、姫路に待機していた秀吉直属の二万は岡山へ入り、宇喜多の兵一万を合わせ、総勢三万で備中へ進軍した。高松城の北方遠くにある龍王山に陣した。

宮路山城への攻撃は福島市松の手勢百五十で、奇襲をかけて水之手を占領すると、敵は奪回を何度か繰り返し試みるうちに諦めて、守将乃美元信はじめ城兵は城に火をかけて逃げ去った。冠山城へは杉原七郎左衛門が手勢千五百で攻めたが手に負えず、加藤虎之助が美濃部十郎ら甲賀侍・柘植半之丞ら伊賀侍を率いて城内に忍び込み敵を混乱させると、冠山の城は陥落し城将の林重真は城と運命を共にした。

さらにまもなく、加茂城は守将生石中務を内応させて、ほとんど手をぬらさずに無血占領の効をおさめた。

日幡城へは軍目付上原元祐は妻が毛利元就の妾腹の娘であることを鼻にかけ城将日幡景親と内輪がうまく一致していないことにつけこんで、その上原元祐の家老竹井惣左衛門のもとに商人小西弥九郎を送り込んで調略にとりかかかった。間もなく日幡景親が何者かに狙撃されて落命して、その嫌疑が上原元祐にかけられると元祐の妻は竹井惣左衛門を薙刀で成敗し、懐剣を持って元祐に抱きつき、その夫の死骸の前で自害した。

かくて七城連環の小城は箇々に壊滅されていき、高松城がぽつんと孤立する姿となって、羽柴軍は四月二十七日から包囲にかかった。その包囲の日から寄手と城兵との衝突があり、二回の総攻撃を試みて短期力攻めは至難であり、かといって長陣を覚悟して悠々の包囲では、筑前の立花や豊後の大友と交戦中の小早川隆景、鳥取城を中心とする敵勢力の山陰展開に忙殺される吉川元春の意見が一致し、本国吉田山の城の毛利輝元を中心に全軍四万が方向転じて来援が間に合ってしまうということになり兼ねない。そこで秀吉と軍師官兵衛が策を出し合うと、奇しくも「水攻」で一致した。

五月七日に龍王山から石井山に本陣を移し、翌八日に縄取始めをした。築堤の長さは二十八町二十間という距離、堤の幅は上が六間で下の地面部はその倍の十二間、高さは四間。総工費の支用は銭六十三万五千四百貫文、米六万三千五百余石を要したと『武将感状記』に記載されている。

最も難工事だったのは足守川の堰止め工事で、大船三十艘に大岩巨岩を積んで沈めるというものだった。

五月七日から十四日目で工事は完成した。吉川・小早川などの毛利方援軍四万が、すぐそこの国境の山々まで着いたのは、すでに高松城のまわりが一面の泥湖となった翌二十一日のことだった。

翌二十二日に浮城となった高松城から泥湖を泳ぎ出る者を捕らえると毛利方に宛てた密書を持っていた。毛利の援軍が泥湖に当面して如何とも救いの手をのばす策がないことに落胆を示すものであった。隆景と元春の名で羽柴軍への投降を促す手紙が城中に届けられ、それに対する城将清水宗治の返書というものであった。

時なる哉。中国の覇業は今、この一挙に完成しよう。秀吉は、この壮観を、信長にも見せたいと希った。また、この重大なる勝敗のわかれを、決定的に確保するためにも、信長の出馬を仰ぐことが万全と信じたのであった。

本能寺の変の報せが長谷川宗仁によりもたらされた時点で、その両三日前から毛利方は安国寺恵瓊を使いとして蜂須賀彦右衛門に会って、備中・備後・美作・因幡・伯耆の割譲を条件に高松城の囲みを解いて清水宗治以下城兵五千の生命の保証を申し入れていた。

秀吉自ら恵瓊に会って清水宗治の切腹さえ確約あるならば五ヶ国割譲の条件は譲歩すると提案するが、恵瓊が小早川・吉川の両将に相談すると清水宗治の助命だけは譲れないという。恵瓊は泥湖に小舟を浮かべ高松城に行って宗治に直接会うと、宗治は自ら切腹して和睦の仲立ちすることを快諾した。

毛利帷幕が信長の死を知ったのは、その日の七刻下がりの頃だったから、宗治の切腹直後、誓紙の交換が行われてから、わずか一刻ぐらいの後でしかない。知らせて来たのは、当時上方方面に配してある諜報方の一名だった。

次に、山岡荘八の小説『異本太閤記』である。

秀吉は四月四日に岡山城へ入城。十四日に備中龍王山に陣して宮路山と冠山の両城を攻めだした。

宮路山と冠山の両城は高松城の出城と云った形で、これを囲繞している七城のうちである。宮路山城には乃見元信が五百の兵で、冠山城には林重真が三百五～六十ほどで立て籠っている。冠山城が落ちたのは四月二十五日、宮路山が落ちたのは五月二日。

高松城には清水宗治の六～七百と監軍の二千の兵力、七城のうち加茂城には桂広重の約千、因幡城には日幡景親と上原元祐の約八百、南松島城には梨羽中務丞の約七百、南庭瀬城に井上有景の約千……かく敵兵力を算段して、織田信長の援軍を待つことにした。

本気で攻めればすぐに攻め落とせるものを援軍が到着するまで長引かせるために高松城を水攻めにすることにして、本陣を蛙ヶ鼻に移して長さ約三十町、高さ三間半、基底の幅十二間、上の幅は六間の堤の工事にかかったのが五月七日、それから十一日目には大堤防が完成した。

毛利軍が五万と自称する大軍を率いてやって来たのが五月二十日、小早川隆景と吉川元春は釈迦の峰と不動岳に陣取り、総大将毛利輝元は猿掛山に陣取った。水攻めの上に大軍で囲まれた高松城を救出する手段を見出せない毛利は、高松城に使者を忍ばせて羽柴方に降伏するように勧めるが、城主の清水宗治はこれを拒絶する。

毛利方の安国寺恵瓊は羽柴陣に赴き、秀吉との間で和議を模索するが、羽柴方としては信長の意向を考えるとそれは難しいと答える。そうこうするうちに本能寺の変で信長が横死したという情報が、商人長谷川宗仁からの密使によりもたらされる。風聞が毛利方に漏れるのは問題ではないが明智方の密使を知らずに通して毛利を味方につけさせるようなことがあってはならないため、急遽、毛利との和議を成立させた。その条件は高松城の清水宗治の切腹と、両者の領地境を山陰は伯耆の八幡川、山陽は備中の河辺川とすることで、それにより割譲の地は毛利所領のうち備中・美作・伯耆とだいぶ削られる形となる。

この和議の交渉中に羽柴方から安国寺恵瓊へ本能寺の変があったことを暴露したし、清水宗治の切腹の時点では毛利方諸将は本能寺の変を知っていたという設定で描かれているし、この『異本太閤記』を著した山岡荘八の『徳川家康』の中でも、安国寺恵瓊が異変に勘づいたというような描写になっている。

もうひとつは、司馬遼太郎の小説『播磨灘物語』である。

羽柴秀吉の軍勢が西方の備中に向かって動いたのは四月十四日の未明。主力である羽柴軍は二万、それより前に岡山城を発ったのはあらたに傘下に入った宇喜多勢の一万だった。すぐさま宮路山城と冠山城への攻撃の態勢をとった。冠山城は宇喜多勢が十七日から攻めはじめ、八日目の二十五日に攻め潰した。守備兵わずか三百足らずのうち、城主林三郎左衛門が落城間際に腹を切り、従士百三十九人が殉死したという。宮路山城には羽柴主力軍が向かい一見長期攻囲の態勢をとった。乃美兵部・乃美少輔四郎父子とその配下は五月二日に城を置きすてて去った。

加茂城の城主は桂民部大輔広繁で、副将格に西の丸を守る上山兵庫助元忠と東の丸を守る生石中務少輔がいた。このうち生石が内応して宇喜多勢を東の丸に引き入れたが、桂広繁の軍勢が東の丸に激しい攻撃を加え、宇喜多勢もろとも生石を追い出して、加茂城の調略は半ば失敗した。

日幡城の城主は上原元将で毛利元就の妾腹の娘婿であるが、この地の領主は日幡六郎兵衛で高松城の清水宗治を通じて間接的に毛利に属していた。上原は寝返りを持ちかけたが日幡はこれに反対して論争となり、そのうち日幡が上原の手の者に殺されて、日幡城は調略により羽柴方の手におちた。

やがて毛利本軍がおそらく二万を越えるであろう軍勢で後詰に来るという情報が入り、味方の宇喜多勢はいつ寝返るか解らないという状況で、清水宗治以下五千以上の兵で堅固に守る備中高松城を攻める方法として秀吉は水攻めを考え出した。そのために秀吉が工事を命じた堰堤は、高さ四間、基脚の幅十二間、頂上の幅六間、ほぼ四キロにわたり築くのに要した土俵の数は一説に七百五十万俵という、これを僅か十二日で完成させた。

毛利軍がその総力をあげた兵力で、高松城の南方の諸丘陵に布陣したのは、やっと五月二十一日になってからで、小早川隆景は日差山、吉川元春は岩崎山、毛利輝元は猿懸城に布陣した。毛利からの使者が湖のようになった水面を泳いで高松城に入り、清水宗治に「どうか敵に降伏してくれ」「信長に味方せよ」という意図を伝えたが、清水宗治はこれを不本意として受諾しなかった。

安国寺恵瓊が毛利方の使者となって羽柴陣に赴いて、黒田官兵衛・蜂須賀小六と和議に向けての交渉に入り、備中・備後・美作・因幡・伯耆の五ヶ国の割譲を提案した。黒田官兵衛が秀吉にこの条件を受け入れるように提案するが、秀吉としては信長がそれで納得するか不安で受諾できない。羽柴が毛利に勝利したということを明確にするために高松城主の清水宗治の切腹を要求するなどしているうちに、本能寺の変が起こったという情報が長谷川宗仁からの使者によってもたらされた。

日差山の毛利本陣に本能寺の変報が届いたのは六月四日の夜、羽柴方との講和がすべて落着した後で、羽柴陣に長谷川宗仁の早飛脚が届けたより二十時間足らず遅かった。

この『播磨灘物語』の著者司馬遼太郎は『新史太閤記』のなかで、堤防の起工は五月八日、完成は五月十九日としている。和議のために備中・美作・因幡・伯耆・備後の五ヶ国を割譲するとした条件は、清水宗治の切腹をもって、山陰は伯耆の八橋川、山陽は備中の河辺をもって境界にすると変更されたと書いている。

三つの小説を比較してみる。

宮路山城・冠山城・備中高松城・加茂城・日幡城・庭瀬城・松島城の境目七城については、庭瀬城が南庭瀬城だったり松島城が南松島城だったり名称に多少の違いがあるものの、城将の名前などから同じ城であることが解る。国土地理院の二万五千分の一の地図ならば「総社東部」、この地図一枚の中に宮路山城・冠山城から加茂城あたりまで網羅されているが、龍王山は複数あって秀吉本陣はどの龍王山か確かめる必要があるし、宮路山城・冠山城の城跡は記されていないので場所をきちんと特定する作業が必要である。

三つの小説の間で大きく描写が違うのは、備中高松城を攻めるのに水攻めを選んだ理由である。『新書太閤記』と『播磨灘物語』では、力攻めすると味方にも相当の犠牲が見込まれるので、それを避けるための最も有効な手段として採ったといっているが、『異本太閤記』では、すぐに攻め落とせる城であるが信長の救援の到着を待つためにワザと長引かせるためといっている。ちなみに、『新書太閤記』の秀吉と官兵衛が作戦を手のひらに書いて見せ合ったというのは創作であろう、というのは吉川英治は小説『三国志』も書いているので、赤壁の戦いに臨んで曹操を迎え撃つ作戦を諸葛亮と周瑜が出し合う場面を借用したのであろうからである。

共通しているのは、毛利方は高松城の清水宗治以下の救出を模索しながらその手立てが見出せず、高松城に密使を送って清水宗治に羽柴方への投降することを勧めているところで、『播磨灘物語』では「清水宗治由来覚書」によると出典を明らかにしている。

私が疑問に感じるのは、毛利方は毛利輝元・吉川元春・小早川隆景が揃って援軍に到着しながら、備中高松城を救出しようという態度が消極的過ぎるということである。堤防は延々数キロに渡って築かれているので、羽柴方の防禦も間延びしているはずで、そのどこか敵の警備の薄い地点を狙って堤防の破壊工作を行うというようなことは容易に行えたはずである。水攻めというのは堤防を築くよりも維持をする方が大変なのであり、その例が八年後の天正十八年（一五九〇）に石田三成が小田原攻めの際に武蔵の忍城を攻めて失敗したことである。忍城の水攻めの場合は堤防の長さが二十数キロと規模が大きく、利根川と荒川という大河の水を御し得なかったというのもあるが、北条氏の本城である小田原城が完全に包囲され忍城へ援軍を送る手立ては無かったはずで、攻め手は支障なく堤防の維持管理に専念できたはずなのに、それができなかったのである。

そもそも、高松城の救出が急務だったのかが疑問である。籠城には兵糧の問題があり、その例として因幡鳥取城の飢殺しがあるが、それは天正九年（一五八一）六月に包囲を開始して四ヶ月後の十月に降伏させている。事前に因幡国中の兵糧を買い占めしたり、農民を攻め立てて鳥取城に追い込んで食い扶持を増やすなど、兵糧攻めのための準備万端で臨んでいる。高松城の水攻めの場合、まだ一ヶ月も経過していないし、籠城の人数は五千という説が一般的のようだが、農民は築堤に動員しているから高松城に追い込んで食い扶持を増やしたという様子でもない。『信長公記』には「降参申罷退高松之城へ一所に楯籠也」とあるので、境目七城の他の城から流れ込んだ人数があるようだが、鳥取城の飢殺しの記憶も新しいので兵粮の備蓄などの準備もそれなりにあったであろう。

最も疑問なのは、備中・美作・因幡・伯耆・備後の五ヶ国を割譲するという条件での毛利から羽柴への和睦提案である。

『異本太閤記』と『播磨灘物語』での秀吉は、毛利との和睦交渉を成立させようとしても、信長の気性を考慮すると、信長がそれを承認するのは難しいと悩んでいる。『信長公記』にある「信長公此等趣被及聞食今度間近く寄合候事、與天所候間被成御動座、中國之歴々討果、九州まて一篇ニ可被仰付」という楽観的な意気込みと、毛利方が持ち出してきた和議を羽柴方が受け入れを少しでも検討しているところが、はっきり矛盾しているのである。

秀吉自身、かつて備前を攻めて宇喜多直家が降伏してきたのを受け入れようとして安土の信長にお伺いをたてて許されなかったという経験がある。それは、天正七年（一五七九）九月四日「羽柴筑前守秀吉　播州より安土へ被罷越　備前の宇喜田御赦免の筋目申合候間御朱印被成候の様にと言上の處に　御諚をも伺不被申示合の段曲事之旨被仰出則播州へ被追還候也」と『信長公記』にある。

備中・美作・因幡・伯耆・備後の五ヶ国の割譲を条件に求めた代償は、単なる備中高松城の救出とか一時的な休戦ではなかったのである。それは、

・羽柴が織田から独立すること

・その上で毛利と羽柴は不戦協定を結ぶこと

この二点が不可分の代償だったのである。つまり、五ヶ国は織田に割譲するのではなく羽柴に割譲するものであり、現有の播磨に備中・美作・因幡・伯耆・備後の五ヶ国を加えれば織田から独立して対抗していけるだろうという意味だったのである。

秀吉は和睦条件を内諾した上で、さらに一計を案じた。それが安土で信長が家康を饗応の最中、中国筋への援軍要請をしたことである。信長が自ら出陣してきて毛利軍と対峙したところを、不意をついて側面から羽柴軍が襲い掛かり、信長を討ち取るというものである。信長を討ち取り中枢を破壊した上で織田から独立することは、単に独立するよりも有利だからである。

本能寺の変

本能寺の変を起こした明智光秀の動機については、この毛利と羽柴の和睦交渉の真相を見抜いたからであると考えられる。

つまり、①怨恨説・②野望説・③黒幕説のどれでもないのである。③黒幕説のうちの羽柴黒幕説に近いかといえば、秀吉から光秀に謀反を起こすよう働きかけがあったという訳ではないので、全くの別物ということになる。

光秀の動機を考察する以前に忘れてはならないのは、戦国武将は個人ではなく一族の当主であるということであり、光秀個人の運命だけではなく一族の運命を左右するということである。単なる私怨や野望のために一族の運命を犠牲にすることはできず、黒幕など他人ごとのために一族を危険にさらすことも有り得ないのである。

信長の命令を遂行して中国筋に援軍に向かえば、秀吉はなんらかの陰謀を用いて明智軍を崩壊に導くであろう。一族にとっての危険を回避するためには、信長に命令に従って中国筋へ出陣するよりも、信長に叛いて本能寺を襲撃した方が確実性が高いと判断したのである。

主君への忠義があるならば、光秀は信長に、秀吉に陰謀があることを丁寧に説明するべきだった。光秀がそれをしなかった理由については、これまで多く提唱されてきた説のなかに幾つもの正解があるだろう。信長はこれまでの多くの戦いで多くの敵の血を流してきて、味方をも誅殺し或いは追放してきた、その報いだったのであろう。

この説は二つの理由から案外と有力視されるべきであると考える。

理由のひとつは、秀吉が直後に行った「中国の大返し」が迅速に過ぎるのではという疑問に答えを出していることである。

明智光秀は謀叛の直後、諸方面に手紙を出したことが知れている。小説などでは、明智から毛利陣へ手紙を届けようとした密使が間違って羽柴陣に迷い込んでしまい、羽柴方はそれを捕らえたことで毛利方が知らぬ間に本能寺の変を知ったように描かれることが多いが、この説によるならば、備中で対峙している毛利と羽柴の両陣営ともに手紙を送るのが筋道になってくる。明智による斡旋によって毛利と羽柴が和睦することになれば、毛利〜羽柴〜明智の大同盟が図れるだろうという光秀の目論見であったが、そのとおりにはならなかったのは、毛利と羽柴の和睦には明智による斡旋を必要としなかったからである。

毛利と羽柴はお互いに本能寺の変の情報を得たうえで和睦交渉に臨んだのであれば、五ヶ国の譲渡から備中・美作・伯耆の三ヶ国の譲渡に縮小したことが納得できる。羽柴が織田から独立して対抗するために五ヶ国を譲るという条件を出したのに、状況は羽柴が明智と戦うだけになったのだから三ヶ国も譲れば充分だろうということで、毛利が値切ったのである。清水宗治の切腹にこだわったというのも、毛利と羽柴の和睦は事前から交渉がすすんでいたものではなく俄かに成立させたもののように周囲を欺くためだったとすれば納得できる。

理由のもうひとつは、秀吉が信長から離反して毛利と同盟したうえ信長を誘き出して襲うという陰謀が実際にはなかったとしても、それを光秀が頭の中で妄想すれば成立するということである。

光秀が妄想するように、背中越しに囁いた誰かがいたかも知れない。かつて信長に死を命ぜられ現在は四国の長宗我部問題を抱える斎藤利三あたりかも知れないし、愛宕百韻をむすんだ里村紹巴かも知れない。

しかし、私が注目したいのは水野忠重、かつて信長に誅殺された水野信元の弟であるが、その理由については後述する。

三河では、本能寺の変があったこと、家康主従一行の安否などの情報が錯綜していたことが、『家忠日記』の記述から読み取れる。

六月三日「京都酒左衛門尉所より、家康御下候者、西国へ御陣可有候由申来候、さし物諸国大なるはたやみ候て、しない成候間、其分申来候、酉刻ニ京都にて上様ニ明知日向守・

小七兵衛別心にて御生かい候よし、大野より申来候」
六月四日「家康者境ニ御座候由候、岡崎江越候、家康いか、伊勢地を御のき候て、大浜へ御あかり候而、町迄御迎ニ越候、穴山者腹切候、ミちにて七兵衛殿別心ハセツ也」
六月五日「城江出仕候、早々帰候て、陣用意候へ由被仰候、伊勢・おハりより家康へ御使越候、一味之儀ニ候」
六月七日「かりや水野宗兵へ殿、京都にてうち死候由候」
六月九日「水惣兵へ殿事、京都ニかくれ候て、かいり候由候」
六月十日「明後日十二日出陣候へ之由、酒左より申来候」
六月十一日「宗兵衛殿苅屋へ御越候由候」
六月十三日「岡崎迄越候、城へ出候」
六月十四日「鳴海迄越候」
六月十五日「旗本へ出候、明知ヲ京都にて、三七殿・筑前・五郎左・池田紀伊守うちとり候よし、伊勢かんへより注進候」
六月十九日「羽柴筑前所より、上方一篇ニ候間、早々帰陣候への由申来候て、津島より鳴海迄帰候」

六月廿一日「家康・同遠州衆・東三川衆帰陣候、水惣兵より陣所へ音信候」

これによると、中国筋の秀吉からの援軍要請をうけて徳川勢も参陣するつもりだったことが解る。三河で留守をしている松平家忠にも戦支度の命令があったのであろう、酒井忠次から用意する旗指物の大きさを変更する旨の連絡があったようである。

家康主従が本能寺の変を知った場所は、和泉の堺だったということである。そして三河への帰路は、伊賀から伊勢を経たことが解る。伊勢からは海路をとって直接三河大浜に上陸したように記述されているが、知多半島を経由した可能性が高い……というのは家忠への情報が知多半島経由で入っているからである。

神君伊賀越えのルートについては諸説あるが、『三河物語』には「家康ハ此由をさかいにて聞召けれバ、早、都へ御越ハならせられ給ハで、伊賀之國へかゝらせ給ひてのかせられ給ふ。(中略)伊勢ぢを出させ給ひて、しろこ寄御舟に召て、大野へあからせ給ふ由聞えて、各々御むかひに参て、岡崎へ供申」とある。

家康が三河に帰り着いて早々に出陣の準備を命じているが、この時点で羽柴勢の中国大返しを予測できたとは考えにくい。伊勢・尾張から使者が来たということなので、信長の遺族・遺臣の要請を受けて明智討伐のための出陣ととらえるのが素直な解釈といえよう。

ところで、『家忠日記』のなかに、水野忠重の消息・動向についての記述が、六月七日、九日、十日および二十一日にみられる。三河では本能寺の変の混乱の中で忠重が討死をしたとか、隠れていて無事だったとか、情報が錯綜していたようである。

忠重は本能寺の変があった六月二日、信長の嫡男信忠の宿する妙覚寺にいた。信忠に従い二条御所に立て籠もり、攻め寄せる明智勢と戦ったようである。その後、信忠はじめほぼ全滅したはずの二条御所から脱出した僅か数人のひとりが忠重で、東福寺に難を逃れて生き延びたというのである。

私の妄想にはなるが、光秀に謀叛を起こすように背中越しに囁いたのは水野忠重だったのではないだろうか。甲州征伐に参加した直後に三河刈谷で休暇中だったはずで、安土饗応に招待された徳川一行に含まれていない忠重が、なぜ京都に居あわせたか謎なのである。

光秀は家康一行を安土で饗応するための応援として忠重を呼び寄せたのであろう……ぐらいにしか、私には思い浮かばない。忠重は家康の母於大の方の同母弟であり、家康の駿府人質時代に母がわりに養育してくれたという源応尼の子であるから、忠重が家康の嗜好を熟知していそうなことは想像できる。信長が甲州征伐の帰途に池鯉鮒で忠重の接待を受けたのは、ほんの一ヶ月半前のことで、光秀の記憶にも新しいことであったであろう。

大河ドラマや歴史小説で本能寺の変を描くならば、水野忠重を主人公にするのが最も相応しいのではないかと思う。

数年前の「麒麟がくる」では、明智光秀を主人公に描いたが、結局は主君信長を討つという理由づけが視聴者を納得させられるまでには物語が成熟できなかった。やはり、光秀を主人公にした大河ドラマで本能寺の変を描いて視聴者を納得させるというのは、「国盗り物語」の時代と比較しても現在は格段に難しくなってしまったのだと思う。義憤にせよ野望にせよ、そのために光秀は家族や一族の運命を犠牲にしてもよかったかという疑問が付き纏い、現在はそのような疑問を許容しない時代だからである。

NHKでは豊臣秀吉の弟秀長を主人公にした大河ドラマ「豊臣兄弟!」を予定しているという。おそらく、「豊臣兄弟!」が成功するか失敗するか左右するのが本能寺の変の描き方ということになるのではないだろうか。

秀吉視線から描く以上は、中国大返しが可能だったことを説明する必要があるだろう。しかし、岡山から姫路までの行程を移動が可能だったことを説明しただけでは視聴者は納得しない。なぜ対峙する毛利との和睦を結べたのか、なぜ毛利軍は羽柴軍の撤退するところを追撃しなかったのか、羽柴軍と明智軍が戦うことになったところで毛利は明智を応援しなかったのか、全てを合理的に説明できなければ本当に視聴者を納得させたことにはならないのである。

岡山から姫路までの行程を短時間での移動が可能だったことを説明するだけなら、秀吉はじめ馬で移動する軍勢だけが先行して姫路に移動し、徒歩の軍勢が後着するのを待ったというのでもよいであろう。なぜ毛利軍は羽柴軍をすぐさま追撃しなかったか説明するだけなら、羽柴軍は撤退に及んで水攻めのため築いた堰を切って周囲を水浸しにして毛利軍が追撃できないようにしたというのでもよいだろう。しかし、その他の疑問には、案外と視聴者を納得させられるだけの説明は難しいのである。

私には、なぜ羽柴と毛利は和睦交渉ができたのか……という疑問には、以前から和睦交渉が始まっていて、その延長線上だったのではないかという以外の回答が思いつかない。なぜ羽柴軍と明智軍が戦うことになったところで毛利は明智を応援しなかったのか……という疑問には、羽柴が織田にかわる次の天下人になっても再び毛利を侵略する恐れがなかったこと、本能寺の変により明智が羽柴の侵略をやめさせる結果になったというような恩義を毛利が感じない理屈があったことの、二つの理由が揃ったからという以外の回答が思いつかない。

このように考察すると、本能寺の変が起こる前から羽柴は毛利と和睦状態にあり、秀吉が織田から独立して毛利と同盟を結ぶことで羽柴・毛利間の密約ができていたという結論になる。大河ドラマ「豊臣兄弟!」は秀吉の弟秀長の物語なので、主人公がそのような行動をとるように描くことは許されないであろう。どのような筋書きで展開するのか視聴者として楽しみである。

その点、水野忠重を主人公とするのは障碍がない。水野氏はもともと織田氏から独立した国衆であり、忠重の兄水野信元は織田氏の与力であり家臣ではなかったのに、武田との内通を疑われて誅殺された。忠重には信長に忠義を尽くすべき恩義はないし、兄の仇敵を討つべく必死の行動にでることは視聴者に許容される範囲であろう。そのなかで、主役ではない羽柴秀吉が密かに織田から離反して毛利と和睦していたとしても、主役ではない明智光秀が羽柴と毛利が仕掛けた罠によって明智一族と軍勢が壊滅させられるのを避けるために謀叛を起こしたとしても、それは視聴者に許容される範囲であろう。

本書の前半で展開した、桶狭間の戦いにおける織田軍の勝利の決め手は迂回奇襲にあったという説をはじめ、三方ヶ原の戦いや、長篠の戦いにおける様々の説は、他の有力説を相手に論戦に挑んで互角以上に戦ってむしろ通説の座を奪い取れそうなほど、完成されたものであると思う。

それに比べて、本能寺の変について書きすすめたものを読み返して、我ながら妄想が凄いことに気付かされた。これを「新説」と唱えるのは憚られるので、「大河ドラマや歴史小説の筋書きにふさわしい」というレベルでの論述ということにした。

今後とも、面白い歴史解釈を展開できたらと思う。

〈著者紹介〉
坂田尚哉（さかた　なおや）
桶狭間からさほど遠くない国立の教員養成系大学を卒業、教員免許は理科。
趣味は音楽で地元の市民オーケストラに所属。
演奏の合間に地元の歴史を勉強する「オケはざま歴史家」を自称。

桶狭間《おけはざま》の戦《たたか》いは迂回奇襲説《うかいきしゅうせつ》、
長篠《ながしの》の戦《たたか》いは鉄炮三段撃《てっぽうさんだんうち》

2025年3月13日　第1刷発行

著　者　　坂田尚哉
発行人　　久保田貴幸

発行元　　株式会社 幻冬舎メディアコンサルティング
〒151-0051　東京都渋谷区千駄ヶ谷4-9-7
電話　03-5411-6440（編集）

発売元　　株式会社 幻冬舎
〒151-0051　東京都渋谷区千駄ヶ谷4-9-7
電話　03-5411-6222（営業）

印刷・製本　中央精版印刷株式会社
装　丁　　村上次郎

検印廃止

Printed in Japan
ISBN 978-4-344-69214-5 C0095
幻冬舎メディアコンサルティングＨＰ
https://www.gentosha-mc.com/